D1719252

Walter A. Kremnitz · Tropische Pflanzen Afrikas

WALTER A. KREMNITZ

Tropische Pflanzen Afrikas

Ein Bestimmungsbuch für den Touristen

Ambro Lacus · Buch- und Bildverlag · Frieding-Andechs

CIP-Kurztitelaufnahme der Deutschen Bibliothek

Kremnitz, Walter A.:
Tropische Pflanzen Afrikas : e. Bestimmungsbuch
für d. Touristen / Walter A. Kremnitz. [Fotogr.:
Walter u. Michael Kremnitz]. — Frieding-Andechs :
Ambro Lacus, Buch- u. Bildverlag, 1980.
     ISBN 3-921445-10-8

Gesamtherstellung: EOS Verlag, Erzabtei, 8917 St. Ottilien.
Lithos: Fa. Döss, D-8500 Nürnberg.
Fotografien: Walter und Michael Kremnitz.

Meiner Frau Gertrud,
die alle Reisen und Expeditionen mitmachte,
dolmetschte, filmte und Lasten trug,
aber auch dem Andenken
meiner verstorbenen Freunde
Julius Krall und Josef Peter
herzlichst gewidmet.

VORWORT

Der vorliegende Bildband zeigt aus dem reichhaltigen Pflanzen-schatz Afrikas einen ausgewählten — dem Reisenden sofort ins Auge fallenden — Teil. Die Gliederung ist nach der Farbe der Blü-ten erfolgt, mit Ausnahme der Nutzpflanzen, denen ein eigenes Kapitel gewidmet ist.

Es handelt sich hier nicht um ein Bestimmungsbuch üblicher Art, sondern um eine allgemeinwissenschaftliche erste Einführung in die afrikanische Pflanzenwelt.

Neben den botanischen Namen sind auch die sogenannten Volks-namen angegeben, sofern solche bekannt sind. Vom gleichen Au-tor, der bei Prof. Dr. Helmut Gams an der Universität Innsbruck Botanik studierte, erscheint ein umfassendes Werk über die afri-kanische Pflanzenwelt, wobei dieses Werk ausschließlich mit Farbbilder — mehr als 1000 Stück — versehen ist.

Inhaltsverzeichnis der rotblühenden Pflanzen:

ADENIUM obesum
(Apocynaceae)

Impala-Lilie, Wüstenrose, Elefantenfuß

Die Gattung »Adenium«, aus der Familie der Immergrüngewächse, ist von Südwestafrika bis nach Arabien hinein anzutreffen. Prachtexemplare findet man beispielsweise in den Ruinen von Gedi/Kenia. Die hier gezeigte Art darf im Blütenzustand als die interessanteste afrikanische Sukkulentenpflanze bezeichnet werden. Der bei größeren Pflanzen einem »Elefantenfuß« ähnelnde Stamm enthält einen giftigen milchigen Saft und aus dem Samen, der an beiden Enden mit einem Büschel Haare versehen ist, wird ein Pfeilgift gewonnen. Die ca. 12 cm großen, fast eiförmigen Blätter werden zur Blütezeit abgeworfen. Während der Belaubung benötigt die Pflanze viel Wasser, wogegen in der Trockenzeit — daher auch »Wüstenrose« — die dunkelrot bis weißen Blütenkelche mit rotem Rand gebildet werden. 10-20 cm große Stecklinge können im warmen Zimmerbeet zur Blüte kommen.

BAUHINIA galpinii
(Caesalpinioideae)

Rote Bauhinia,
roter Orchideenbaum

Diese als Busch oder kleiner Baum — mit einer Höhe zwischen 3 und 5 m
— vorkommende Art fällt durch das Kennzeichen aller Bauhinien —
nämlich die zweiflügeligen Blätter — und die fast orchideenartigen, wohlriechenden Blüten auf. Weiße Blüten hat die »B. bowkeri«, weiß mit rötlichen Staubblättern die »B. petersiana«, gelbe Blüten die »B. tomentosa«. Die schönste Blüte dürfte die blauviolette Form der »B. variegata«
sein, um nur einige afrikanische Arten zu nennen. Diese Gattung zählt zur
Unterfamilie der Johannisbrotgewächse, welche ca. 250 Arten und Gattungen umfaßt. Das Holz der Bauhinia trägt die allgemeine Bezeichnung
»Ebenholz«, die »B. acuminata« liefert das kostbare »Bergebenholz«, die
»B. tomentosa« dient zur Gewinnung des sehr fetthaltigen »Ebony-Öls«.

BOUGAINVILLEA spectabilis   *Drillingsblume*
(Nygtaginaceae)

Die Pflanze erhielt ihren Namen nach ihrem Entdecker — dem französischen Admiral de Bougainville. Sie zählt zu den sog. Wunderblumengewächsen und stammt aus Südamerika, ist aber in ganz Afrika weit verbreitet. Die Farbskala reicht vom Schneeweiß über Gelb bis zum Purpurrot, lediglich Blau ist nicht anzutreffen. Es handelt sich allerdings hier lediglich um die farbigen Deck- bzw. Hochblätter. Die eigentliche Blüte setzt sich aus drei unscheinbaren gelben Blütchen zusammen, denen nach der Reife die einstmals farbigen Hochblätter als »Fallschirme« dienen.
Unsere mitteleuropäischen Blumengeschäfte bieten diese reine Tropen- und Subtropenpflanze in Töpfen an, aber kaum einer bringt diese Pflanze zu einer nochmaligen Blüte. Der Grund hierfür ist einzig und allein der Sonnen- und Wärmemangel. Trockenheit spielt bei dieser Pflanze fast überhaupt keine Rolle.

**BRACHYCHITON
acerifolium**
(Sterculiaceae)

Flammenbaum

Der aus Australien stammende Blütenbaum mit seinem aufrechten, geraden Stamm ist vor allem südlich des afrikanischen Äquators verbreitet,
besonders in Parks und Anlagen. Dort fällt der über und über mit knall-
roten Blütenglöckchen übersäte blattlose Baum besonders auf. Daher
auch der Name »Flammenbaum«. Die während der Blüte knospenden
Blätter sind dunkelgrün und gleichen in etwa unseren Ahornblättern. Sie
werden im Frühsommer abgeworfen. In Rhodesien und Südafrika ist der
Flammenbaum relativ häufig anzutreffen, sein Holz ist weich und gut zu
bearbeiten.

CALLISTEMON
viminalis
(Myrtaceae)

Schönfaden,
Zylinderputzer,
Flaschenbürste

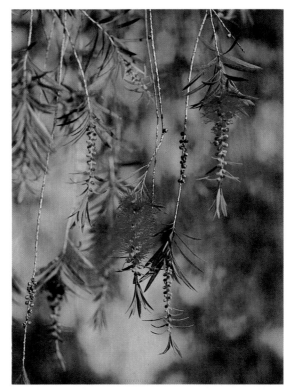

Der aus Australien stammende Busch oder Baum ist immergrün und hat vorwiegend lanzettliche Blätter. Von der Gattung »Callistemon« sind 20 Arten bekannt, wovon in Afrika die gezeigte und die mit ihr relativ leicht verwechselbare Art »C. speciosus« sowie die Art »C. citrinus« vorkommen. Der Unterschied liegt vorwiegend in den Abmaßen der Blätter und der Blütenstaubblätter bzw. -fäden. Die Art »C. citrinus« läßt sich leicht erkennen, denn beim Zerreiben eines Blattes zwischen den Fingern strömt ein Zitronenduft aus. »C. viminalis« ist an den tief überhängenden Zweigen erkenntlich. Erst die älteren Pflanzen setzen Blüten an.

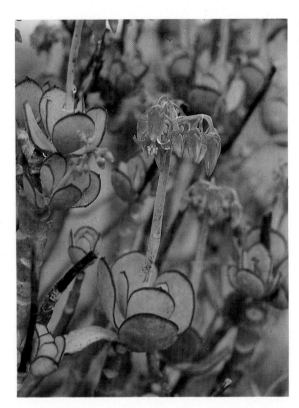

COTYLEDON
orbiculata
(Crassulaceae)

Korallenglocken

Diese sogenannten »Nabelkräuter« sind hauptsächlich in Südafrika beheimatet. Mit 50 Arten bilden sie die größte dort vorkommende Sukkulentengruppe. Berühmt ist aus dieser Gattung der sogenannte »Butterbaum« — »C. paniculata« —. Alle Arten aber sind durch große fünfteilige Röhrenblütenglocken gekennzeichnet, deren Farbe vom Purpurrot bis zum Orange schwankt. Die hier gezeigte Art wird bis zu 70 cm hoch, hat spatelförmige Blätter, die mit einer Wachskruste überzogen sind. Sie wird neben anderen Arten auch als Zimmerpflanze kultiviert.

CRASSULA
coccinea
(Crassulaceae)

Dickblatt,
Rote Crassula,
Klipblume

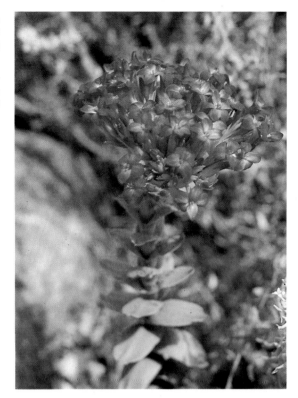

Diese im Sommer reich blühende Pflanze zählt zu den rund 300 Arten der Gattung, von denen etwa 120 Arten ihre Heimat in Südafrika haben. Die »C. coccinea« dient an bevorzugter Stelle zur Zierpflanzenkultivierung und gedeiht an vorwiegend sonnigen und warmen Standorten. Der Wasserbedarf ist relativ gering. Im Winter soll die kultivierte Pflanze bei etwa 12° C trocken und kühl überwintern können. Die wildlebende Art erreicht eine Höhe zwischen 60 und 120 cm, hat glatte eiförmige und zugespitzte Blätter, die am glatten Stengel in vier Reihen angeordnet sind, wobei jeweils ein sich gegenüberliegendes Paar eine Etage bildet. Die scharlachroten Blüten sind sehr wohlriechend und gipfelständig in Scheindolden ausgebildet.

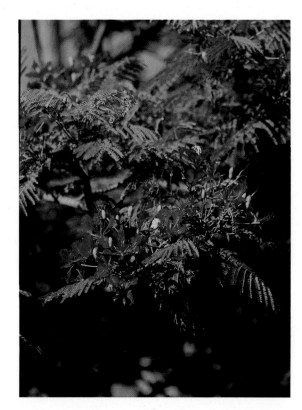

DELONIX
regia syn.
Poinciana regia
(Caesalpiniaceae)

Flammenbaum,
Poinciana,
Flamboyant

Der in seiner Blüte einzigartige Baum wurde 1824 in Madagascar entdeckt und eroberte sich in kürzester Zeit alle Tropenregionen der Welt. Die Blüte beginnt im April am blattlosen Baum und im Mai kommen dann die feingefiederten hellgrünen Blätter dazu. Eine in voller Blüte stehende Baumkrone erweckt den Gedanken an einen feuerroten Schirm. Eines der fünf Blütenblätter ist häufig schneeweiß und weist rote Äderchen auf. Noch während der neuen Blüte hängen die bis zu 60 cm langen, breitflächigen, braunschwarzen Schoten der vorangegangenen Blüte von den Zweigen herab.

DOROTHEANTHUS
bellidiformis
(Mesembryanthemaceae)

Mittagsblume,
Livingstones Gänseblümchen

Diese einjährige sukkulente Pflanze bildet zusammen mit »D. gramineus«
die Ausgangsform vieler Hybriden und eignet sich hervorragend zur Bil-
dung eines Blütenteppichs auf schattenlosen mageren Erdflecken. Die
grünen Blätter sind öfters an ihrem Rand rötlich gefärbt. Die Blüte ist
zwischen 4 und 5 cm im Durchmesser groß und in vielen Farbvariationen
anzutreffen, vorwiegend aber in rosa oder lila mit einem weißlichen Farb-
kranz am Fuße des Blütenblätterkranzes. Diese Art ist im Namaqualand
von Südafrika am häufigsten anzutreffen.

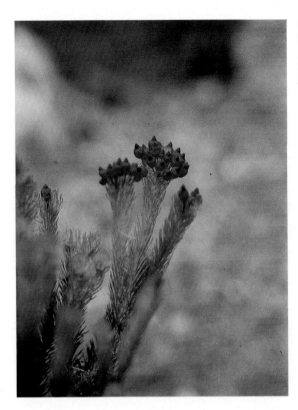

ERICA atrovinosa
(Ericaceae)

*weinfarbiges
Heidekraut*

Fast alle der ca. 630 bisher katalogisierten Heidekrautgewächse — nämlich 605 — sind in Afrika beheimatet, wovon 580 Arten der Kapprovinz zugehören.

Hier soll eine kleine willkürlich gewählte Auswahl gegeben werden. Die »E. arborea« erreicht Baumhöhe und ist über alle afrikanischen Hochländer verbreitet, sogar im Tibesti-Gebirge in der Sahara trifft man sie an. Die hier gezeigte Art trägt ihre burgunderfarbenen dickbauchigen, meist aufrechtstehenden Blütenkelche an den Zweigspitzen. Die Pflanze wird ca. 60 cm hoch, die nadelförmigen Blätter werden bis zu 2 cm lang und stehen dichtgedrängt entlang der Stiele bzw. Zweige. Die Blütezeit ist zwischen Dezember und Februar, also im Hochsommer Südafrikas.

ERICA cerinthoides   *Heide-Erika,*
(Ericaceae)   *rothaarige Erika*

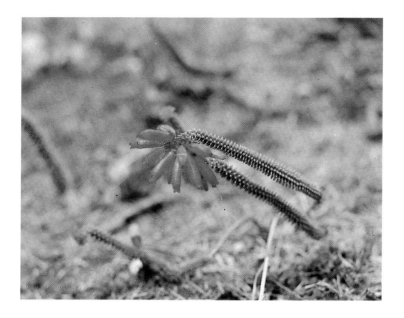

Der schwedische Botaniker Linne gab dieser Erikaart den Namen, der in Europa mit 6 Arten vertretenen Wachsblume »Cerinthe«.

»E. cerinthoides« ist auf der gesamten Kaphalbinsel die bekannteste und verbreitetste Art der Gattung. Sie ist aber auch in allen anderen Provinzen Südafrikas vertreten. Besonders hervorgehoben ist diese Art durch ihre ausgesprochene Feuerunempfindlichkeit. Nach jedem Brand sprießen sofort neue Triebe aus, die bis zu 1,5 m hoch werden können. Die roten Blütenröhren werden etwa 3,5 cm lang und sind mit feinen Härchen besetzt. Es gibt auch rosa und weiße Variationen. Die Blüten sitzen büschelartig an den Triebenden. Das obenstehende Bild zeigt die nach einem Brand hervorsprießenden Sprosse, die teilweise sofort Blüten tragen.

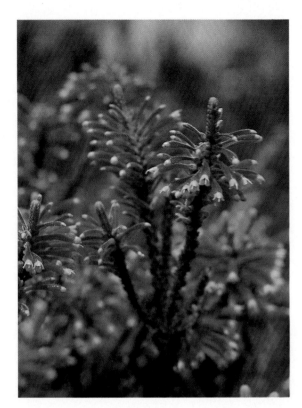

ERICA
densifolia
(Ericaceae)

Dichtblättrige
Erika

Eine vom September bis März im Kapland — vorwiegend in den Gebirgs-
und Küstenregionen — blühende Art, deren bis zu 3 cm langgestreckte rote Blüten mit einem gelben Schlund und gelben Endlappen versehen sind.
Die Zweige tragen dichtgedrängt 3-5 cm lange schmale Blättchen und bilden einen zierlichen, kompakten, bis zu 90 cm hoch werdenden Busch.
Der keulen- und röhrenförmig ausgebildete rote Blütenkelch ist mit feinen
weiß-silbrigen Härchen besetzt.

ERICA sitiens
(Ericaceae)

Durstige Erika

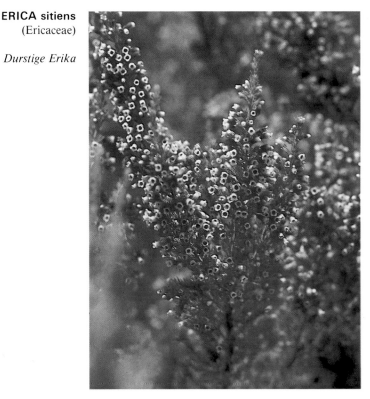

Diese in der Blüte sehr attraktive und weithin leuchtende Art ist in großen Kolonien an den Berghängen des Stellenbosch-Distriktes um Kapstadt anzutreffen. Es gibt noch eine weißblühende Variation dieser Art. »E. sitiens« läßt sich gut kultivieren und benötigt — im Gegensatz zu ihrem Namen — auch nicht recht viel mehr Wasser als die übrigen Arten auch. Sie wächst zu einem aufrechten Busch von 50-60 cm Höhe heran. Die Blütenglöckchen weisen eine Länge von rund 8 mm auf.

ERYTHRINA abyssinica   *Korallenbaum*
(Papilionoideae)   *roter Feuerbaum*

Der in Zentral- und Ostafrika heimische Baum wird bis zu 10 m hoch und
hat eine runde, ausladende Krone. Diese ist in der blattlosen Zeit über und
über mit korallroten Blütenständen übersät. Die Blütezeit liegt zwischen
Juli und November. Neben der auffallenden Blüte — im übrigen haben
alle Erythrina-Arten ausgesprochen eindrucksvolle Blüten — fallen die
dreiteiligen Blätter auf, die ebenfalls ein Charakteristikum der Gattung
sind. Die Samen der hier beschriebenen Art haben ein curareähnliches
Gift, welches in den Blutkreislauf gebracht, zu Paralyse und auch zum
Tode führen kann. Die hellbraunen Samen ruhen in 10 cm langen zylindrischen Schoten. Das sehr leichte Holz wird gerne für Schnitzereien verwendet und diente früher auch als Korksurrogat.

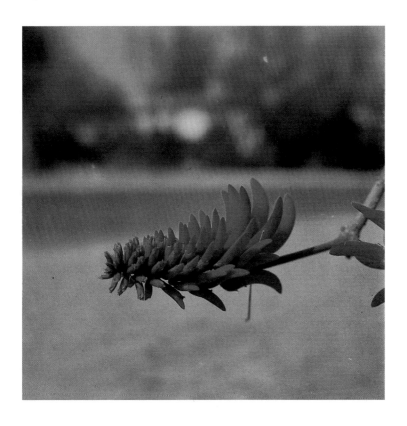

ERYTHRINA livingstonia *Aloe-Erythrina*
(Papilionoideae)

Der weitausladende, verzweigte Busch oder Baum ist in seinem Vorkommen auf heiße Niederungen und trockene Ebenen beschränkt. Man begegnet dieser Art im allgemeinen selten, aber in Südwestafrika findet man sie relativ häufig in Parks, Gärten und Anlagen, aber auch im freien Land nördlich von Windhuk. Die über 20 cm lange tiefrote Blütenrispe mit den bis zu 17 cm langen und ebenso breiten Blättern lassen diese Art in die Reihe der schönsten afrikanischen Pflanzen treten. Die zylindrischen gelben Schoten erreichen eine Länge bis zu 35 cm und die Samen sind feuerrot, haben einen weißen Punkt und leuchten aus den aufgesprungenen, kettenförmigen und tiefschwarzen Schotenkapseln. Die Blütezeit ist Januar und Februar.

EUCALYPTUS ficifolia
(Myrtaceae)

Mahagoni
Purpur-Eukalyptus

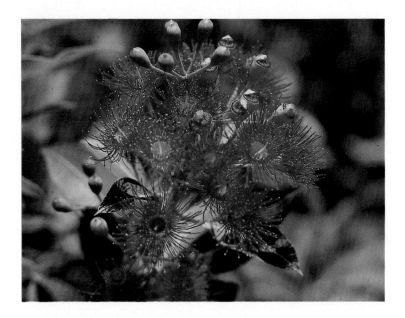

Dieser wohl schönste Vertreter der rund 600 Arten umfassenden, aus Australien stammenden Gattung ist zwischenzeitlich in allen tropischen und subtropischen Ländern zu finden. Sein schnellwachsendes und obendrein sehr wertvolles Holz — das trifft für alle Arten der Gattung zu — sowie seine relative Anspruchslosigkeit haben diese Gattung für großflächige Wiederaufforstung prädestiniert. In Ägypten und Marokko beispielsweise sind riesige Wüstenflächen mit Eukalyptus-Arten aufgeforstet worden. Das rotbraune, sehr harte Holz wird als Mahagoni oder Eisenrindenholz bezeichnet. Aus den Blättern der weißblühenden Art »E.globulus« wird das ätherische Öl für die Herstellung der bekannten Hustenbonbons gewonnen. Fast alle Arten werden in der kosmetischen und pharmazeutischen Industrie verwendet.

GERBERA
viridifolia
(Asteraceae)

Gerbera

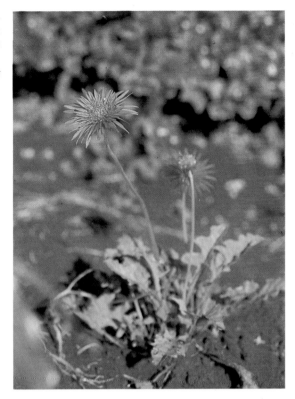

Aus dieser Art und der G. jamesonii wurden die vielen bei uns bekannten und als Schnittblumen gern gekauften Gerberahybriden gezüchtet. Die Gerberas sind im Süden Afrikas und Madagascars beheimatet und mit rund 70 Arten vertreten. Die großflächige von Weiß über Gelb bis Tiefrot reichende Strahlenblüte steht auf einem ca. 50 cm hohen, glatten Stengel, der aus einer Rosette von stark gelappten bzw. gezähnten Blättern entspringt.

GLORIOSA superba *Flammenlilie, Kletterlilie,*
(Liliaceae) *Ruhmkrone, Tigerklaue*

Diese insbesondere in den Wäldern Westafrikas und Asiens weitverbreitete Art, ist unter der 6 Arten zählenden Gattung am häufigsten anzutreffen. Aus einer — im übrigen sehr giftigen — Knolle rankt ein hellgrüner
Stiel mit langgestreckten, einzeln aufsitzenden Blättern empor. Die glän-
zenden Blätter enden an ihrer Spitze in eine Ranke, womit sich die Pflanze
an Büschen und Bäumen hochrankt. Zwei weitere Arten sind besonders
bekannt, da ihre Blüten bei uns im Handel sind, und zwar die »G. roth-
schildiana«, deren Blüten größer sind, farblich ein dunkles Purpurrot und
stark gewellte Blütenblätter aufweisen. Die »G. simplex« ist in den schat-
tigen Wäldern Westafrikas häufig gelb anzutreffen und färbt sich erst in
der Sonne zu einem hellen Gelbrot.

GREYIA sutherlandii
(Melinathaceae)

Natal-Flaschenbaum
Honigbaum

Vorwiegend an den Hängen der südafrikanischen Gebirge ist die teils als Busch, teils als bis zu 5 m hoher Baum anzutreffende Art verbreitet. Sowohl die oft mehr als 25 cm langen Blütentrauben, als auch die breitflächigen, gezackten Blätter sind sehr attraktiv, so daß diese Art häufig als Zierbaum in Gärten und Parks angepflanzt wird. Dies umsomehr, als sie auch sehr anspruchslos ist. Aus dem weichen hellen Holz werden Haushaltsartikel und Figuren etc. geschnitzt. Die Blütezeit ist zwischen August und Oktober.

HAEMANTHUS multiflorus   *Blutlilie*
(Amaryllidaceae)   *Feuerball-Lilie*

Ein aus Süd- und Ostafrika stammendes Amaryllisgewächs; weist auf einem 30-60 cm hohen Stengel eine feuerrote, puderquastenähnliche Blütenkugel auf, die sich aus 80 bis 100 Einzelblüten mit vorstehenden Staubgefäßen zusammensetzt. In den Wäldern Ostafrikas und vor allem im Regenwald bei den Viktoriafällen kann man sie sehr zahlreich antreffen. Es handelt sich wie bei allen Amaryllisgewächsen um eine Zwiebelpflanze, die 3 bis 4 hochstehende, breite Blätter hat.

HIBISCUS
schizopetalus
(Malvaceae)

Koralleneibisch
gefranster Hibiscus

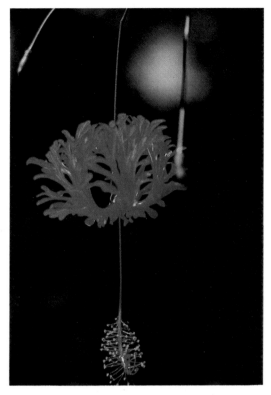

Ohne Übertreibung darf gesagt werden, daß die fast 200 verschiedenen Hibiscusarten die ganze Welt erobert haben. Wenn der Hibiscus nicht im Freiland der tropischen und subtropischen Regionen anzutreffen ist, so findet man ihn als Kübel- oder Topfpflanze in den Wohnungen, Büros oder Wintergärten. Die häufigste Art ist der sog. »Chinesische Roseneibisch«, auch »Rose von Hawaii« genannt (H. rosa sinensis). Die oft kuchentellergroßen Blüten, vorwiegend in tiefem Rot, aber auch Gelb, Orange und Weiß, sind durch den hervorstehenden Staubgefäßträger gekennzeichnet. Die hier gezeigte Art ist im tropischen Teil Ostafrikas beheimatet. Die gefransten, tief herabhängenden, nach oben gebogenen Blütenkelch- bzw. Kronblätter und die lang hervorstehende »Columella« geben der Blüte ihr exotisches Aussehen. Allerdings verwelkt die Einzelblüte schon nach einem Tag, aber der Blütenreichtum sorgt laufend für offene Kelche. Aus den grünen Schoten der »H. esculentus« wird Gemüse und Salat zubereitet. Die Schote wird in Ostafrika »Okra« genannt.

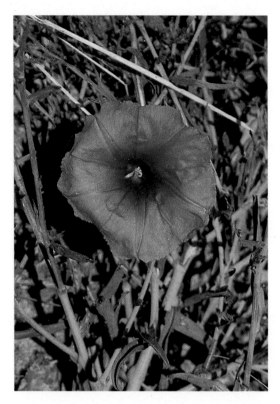

IPOMOEA
cairica
(Convolvulaceae)

Ostafrikanische
Prunkwinde

Die Ipomoeas sind mit rund 420 Arten die größte Gattung der tropischen und subtropischen Prunkwinden. Am bekanntesten ist die »I. batatas«, deren Knolle die Süßkartoffel abgibt. Ihr Anbau erfolgt allerdings weniger um als Grundnahrungsmittel zu dienen, sondern um Alkohol daraus zu gewinnen. Die violett- oder rotblühende Art, die der hier gezeigten »I. cairica« sehr ähnlich ist, heißt »I. pes caprae« und ist in den Sanddünen bzw. an den Sandstränden der afrikanischen Küsten, vor allem am Indischen Ozean, weit verbreitet. Ihr Samen kann unbeschädigt lange Zeit im Meerwasser liegen.

JATROPHA
multifida
(Euphorbiaceae)

Purgiernuß

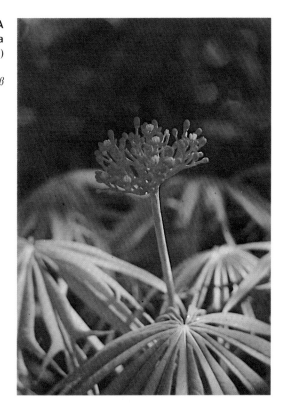

Eine, der aus 160 Arten bestehenden Gattung, aus dem tropischen Amerika nach Afrika gekommene Pflanze, die sich in Südafrika, Rhodesien und Mozambique sehr schnell eingebürgert hat. Der schlanke Busch oder kleine bis zu 5 m hohe Baum ist durch seinen goldgelben Stamm mit der papierähnlichen Rinde und die handteiligen Blätter gekennzeichnet. Auf langen glatten Stielen sitzen doldenförmig die roten Blüten. Die gelben Früchte beherbergen jeweils 3 dreieckige dunkelbraune Kerne, die — zu Öl verpreßt — als Abführmittel, zur Kerzen- und Seifenherstellung, aber auch als Pfeilgift Verwendung finden. Aus den jungen, oft bis zu 35 cm lang werdenden Blättern, wird ein Gemüse zubereitet.

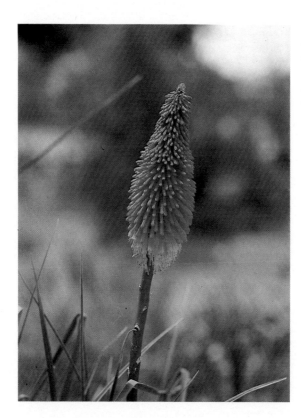

KNIPHOFIA
uvaria
(Liliaceae)

Kniphofi,
Fackellilie

Das zur Gattung der »Tritome« zählende Liliengewächs, das im Sommer und im Herbst blüht und die tropischen und subtropischen Gebiete Afrikas und Madagascars besiedelt, ist auch bei uns in den Gärten beheimatet. Die attraktivsten Arten, zu denen die hier gezeigte Art gehört, sowie »K. tuckii« und »K. galpinii« sind in Südafrika beheimatet. Die langen, lanzettartigen, steilstehenden Blätter werden bis zu 1¹/₄ m hoch. Die korallen- bis orangeroten Blütenstände mit ihren Stengeln erreichen ebenfalls diese Höhe. Das Kennzeichen der »K. burchelli« sind Blüten, die anfangs scharlachrot sind, später karminrot werden und kurz vor dem Verblühen sich gelb verfärben. Die »K. tuckii« sieht wie die hier gezeigte Blüte aus, nur ist sie von gelber Farbe.

**LEUCOSPERMUM
cordifolium**
(Proteaceae)

Nadelkissenprotea

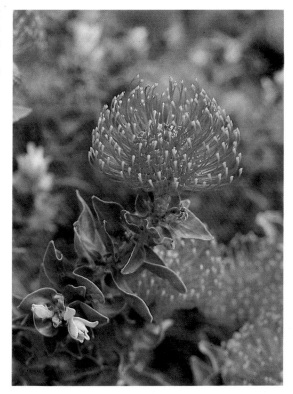

Ein sehr eindrucksvoller Blütenbaum aus der Familie der sogenannten
»Silberbaumgewächse«, die im Kapland beheimatet sind. Die exotische
Blüte gleicht etwas einem gesteckten Nadelkissen und deshalb hat diese
Art zusammen mit einigen verwandten Arten auch diesen Volksnamen be-
kommen. Die Blätter haben einen mattsilbrigen Glanz und die Skala der
Blütenfarben reicht von Weiß, Gelb, Orange bis Rot.

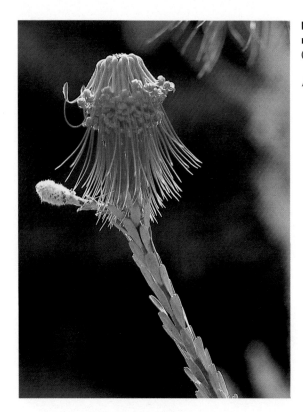

**LEUCOSPERMUM
reflexum**
(Proteaceae)

Raketennadelkissen

Unmittelbar nach Öffnung der Blütenknospe ist diese Blüte von besonderer Schönheit, wie dieses Bild hier beweisen dürfte. Im voll erblühten Zustand macht sie einen mehr zerfledderten Eindruck. Der Volksname ist auf die nach unten strahlförmig gerichteten Petalen zurückzuführen, die den Rückstoßstrahlen einer Rakete ähneln. Die rund um den Stiel eng anliegenden Blätter haben ebenfalls den für diese Gattung charakteristischen Silberglanz.

MIMETES
cucculatus
(Proteaceae)

Federflaumprotea
Flaschenbürste

Unter den 11 Arten der Mimetes aus der Familie der Proteas sind die hier gezeigte, die »M. argenteus« und die »M. hirsutus« die schönsten ihrer Gattung. Die Befruchtung erfolgt in erster Linie durch Nektarvögel. Da sie in den Kapbergen abseits aller Wege vorkommen, sieht sie ein Reisender praktisch nur in dem hervorragend angelegten botanischen Garten von Kapstadt »Kirstenbosch«. Die intensiv — vorwiegend rot-gelb — gefärbten Blütenköpfe befinden sich jeweils in den Achseln der oberen Zweigspitzenblätter und sind zweigeschlechtlich.

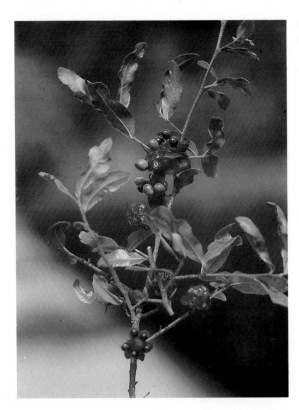

OCHNA beirensis
(Ochnaceae)

Beira-Ochna

Diese als Büsche oder Bäume vorkommende Gattung fällt weniger durch ihre gelben oder weißen Blüten auf, als durch die feuerroten, geschwollenen Behälter aus den Fruchtblättern, die sich aus den zweigeschlechtlichen Blüten bilden. Deshalb wurde diese Gattung hier auch unter die rotblühenden Pflanzen eingeordnet. Das obige Bild zeigt einen Fruchtzweig der »O. beirensis«, die ihren Namen nach ihrem hauptsächlichen Vorkommen im südlichen Afrika (Beira) erhalten hat. Diese Art wird sehr häufig als sog. »lebender Zaun« und zur Heckensäumung von Parkanlagen verwendet. Die von den roten Fruchtblättern umsäumten 5 Samenkerne werden zur Reifezeit freigegeben, wo sie sich bis zur Reife von Grün über Blau bis zum Schwarz färben.

PODRANEA ricasoliana *Rosa Trompetenbaum*
syn. **Tecoma ricasoliana**
(Bignoniaceae)

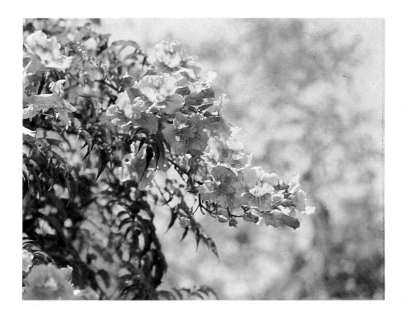

Der immergrüne Kletterstrauch stammt aus Südafrika und ist bis in die frostfreien Zonen der Mittelmeerländer vorgedrungen, wo er ein begehrter Zierstrauch für Gärten und Anlagen ist. Die einzelnen bis zu 5 cm langen Blütenglocken sind rosa und haben dunkelrote Streifen. Sie bilden endständige Rispen. Die Blütezeit ist von Anfang August bis Anfang Oktober. Die walzenförmigen Früchte werden bis zu 30 cm lang.

POINCIANA pulcherrima   *Pfauenblume*
syn. Caesalpinia pulcherrima
(Caesalpiniaceae)

Dieser in allen tropischen Ländern anzutreffende Busch oder Baum ist durch seine farben- und formenprächtigen Blütenstände, die an den Zweigenden sitzen, gekennzeichnet. Die rote Einzelblüte mit den gelben Rändern und den langen, hervorstehenden roten Staubfäden erinnert etwas an die Blüte der Delonix regia. Bis in den Mittelmeerraum ist die verwandte gelbblühende Art »P. gillesii« — der sog. »Paradiesvogelstrauch« — aus Ostafrika vertreten. Beide Arten haben doppeltgefiederte Blätter und lange etwa 2 cm breite Samenschoten, die im Reifezustand schwarz sind.

PORTULACARIA afra *Speckbaum*
(Portulaceae)

Ein bis 4 m hoher Busch oder Baum, der vorwiegend die afrikanische Buschsavanne und Gebiete der sukkulenten Pflanzen Süd- und Südwestafrikas besiedelt. Die rundlichen, spatelförmigen Blätter von ca. 2,5 cm Durchmesser sind blaugrün und haben einen silbriggrauen Schleier. Die Blätter stehen einander paarweise gegenüber und fast rechtwinklig vom Zweig weg. Die endständigen lila bis purpurroten Blütenstände bilden sich praktisch an jedem Zweigende und führen in der Zeit von September bis November den Busch zu einer eindrucksvollen Farben- und Blütenpracht. Die Blätter sind eßbar und werden von den eingeborenen Frauen zur Erhöhung der Muttermilchmenge gegessen. Im übrigen geben sie auch ein wertvolles und ergiebiges Viehfutter ab.

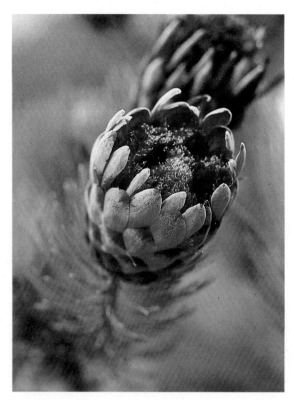

PROTEA aristata
(Proteaceae)

*Grannentragende
Protea*

Die für Südafrika typische Pflanzenfamilie ist die Proteaceae, deren Name von dem griechischen Gott »Proteus« abgeleitet ist, von dem man sagte, daß er seine Gestalt nach seinem Willen verwandeln konnte. In Südafrika sind 90 Arten der Gattung »Protea« bekannt, wovon die im Kapland beheimateten Arten die farben- und formenprächtigsten sind. Proteas lieben einen sauren Boden aus Quarzitsand. Eine Vielzahl einzelner Blüten sind kelchförmig von intensiv gefärbten Deckblättern eingefaßt und bilden so die an den Zweigspitzen aufsitzenden, z.Teil riesigen Blütenkelche. Die Blütezeit der gezeigten Art ist von Juli bis Dezember.

PROTEA
cynaroides
(Proteaceae)

Königsprotea
Riesenprotea

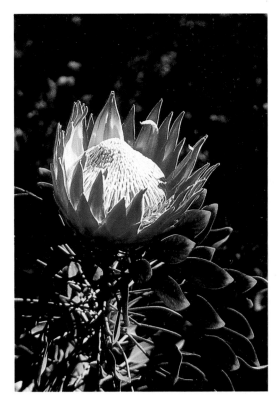

Das Prachtexemplar unter den Proteas ist die hier gezeigte Art, wenn man einen Blütenvergleich anstellen will. Leider wird sie von Jahr zu Jahr ein größerer Exportartikel, was die Möglichkeit einer Ausrottung nicht mehr von der Hand weisen läßt. Auf rötlichen Zweigtrieben sind bis zu 12 cm lange Blätter an relativ langen Stielen angeordnet. Die auch im geschlossenen Zustand schon faszinierenden Blüten erreichen eine Größe von mehr als 30 cm und leuchten silbrig-rosa. Die offene Blüte weist Farben von Weiß bis Tiefrot auf und ist Südafrikas Nationalblume. Die Blütezeit ist von Mai bin Juni. Öfters erfolgt im Dezember noch eine 2. Blüte.

PROTEA
magnifica
syn. P. barbigera
(Proteaceae)

Königinprotea
Haarbüschelprotea

Der am bergigen Westufer des Kaplandes beheimatete, bis zu 3 m hoch werdende Busch zählt zu den attraktivsten Arten der Proteas und läßt sich bei Vorhandensein der ihm entsprechenden Bodenverhältnisse recht gut kultivieren. In den Bergen begegnet man dieser Art bis auf Höhen von rund 1000 m. Die Blätter sind bis zu 15 cm lang und 3 cm breit, dunkelgrün in der Farbe. Die Blütenköpfe sind die zweitgrößten Proteablüten — daher auch der Volksname — und haben einen Durchmesser von mehr als 15 cm. Die Blütendeckblätter sind gelb, rosa oder rot und tragen an ihrer Spitze die für diese Art charakteristischen weißen Bart- bzw. Haarbüschel. Die Deckblätter umschließen einen Kelch voller weißer oder rosafarbener Haare — einer Puderquaste ähnlich —, die im Zentrum purpur bis schwärzlich gefärbt sind.

PUNIKA granatum *Granatapfelbaum*
(Punicaceae)

Dieser strauchartige 3-5 m hohe Buschbaum kommt in den warmen Zonen Südosteuropas bis zum Himalaja und in allen Gebieten Afrikas vor, also sowohl im tropischen Regenwald — beispielsweise in Togo — als auch in den Savannengebieten Südwestafrikas, wie das oben stehende Bild zeigt. Die jungen Triebe weisen verschiedentlich Dornen auf. Die ca. 8 cm langen, lanzettlichen bis eiförmigen Blätter sind relativ hart. Die rote Trichterblüte weist einen Durchmesser von etwa 3 cm auf, während die Frucht — der Granatapfel — es bis zu einem Durchmesser von 12 cm bringt. Wurzel und Rinde des Baumes geben aufgrund ihres starken »Pelletierin«-Gehaltes ein hochwirksames Mittel gegen Bandwürmer ab.

SPATHODEA campanulata   *Tulpenbaum von Gabun*
(Bignoniaceae)   *Tulpenbaum*

Der Autor hat zahlreiche wissenschaftliche Werke über die Pflanzen Afrikas, seltsamerweise aber ist — mit einer Ausnahme — in keinem dieser Werke der in Afrika beheimatete, bis zu 25 m hoch werdende »Tulpenbaum« abgehandelt, obwohl er sowohl im Tsitsikama-Urwald Südafrikas, als auch in Ost-West- und Teilen Nordafrikas vorkommt. Afrikanische Medizinmänner schnitzen aus seinem Holz ihre Kultstäbe und bereiten aus den Blättern, Blüten und Rindenstücken ein Heilmittel gegen Hautkrankheiten. Die Blütenknospen sind sehr wasserhaltig und die großen roten, gelbumrandeten Blütentrichter stehen in endständigen Rispen oder Trauben. Der Baum ist praktisch das ganze Jahr über mit Blüten versehen, die Hauptblütezeit jedoch ist von Januar bis Anfang März. Die Samen der langen, zugespitzten Schoten sind eßbar.

STRELITZIA reginae   *Paradiesvogelblume*
(Strelitziaceae)   *Kranichkopf*

Eine bei uns bereits in vielen Blumengeschäften zu erwerbende Blütenpflanze, die in Südafrika beheimatet ist. Wie Erika, Geranien und Proteas
hat die mit den Bananengewächsen verwandte Art einen Siegeszug durch
die ganze Welt angetreten. Die exotische, formen- und farbenprächtige
Blüte ist nicht nur in allen botanischen Gewächshäusern der Welt vertreten, sondern beispielsweise auch zur Wappenblume von Los Angeles geworden. Die Blätter der Staude werden bis zu 2,5 m hoch und auf einem
ebenso hohen Stengel ruht ein kahnförmiges Deckblatt, aus dem sich die
roten bis orangefarbenen Kelchblätter und die blaulila bis blauvioletten
Kronblätter erheben. Bis zu 8 solcher Blüten stellen sich nach und nach
aus dem Schlitz des Kelchblattes auf.

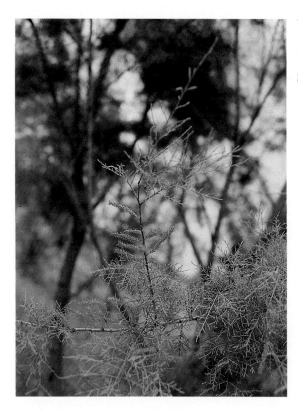

TAMARIX
pentandra
(Tamaricaceae)

Wüstentamariske

Meist als Busch oder schlanker Baum in dürren und wüstenähnlichen —
sogenannten ariden — Landschaften anzutreffen und zwar dort an den
Orten, wo ab und zu Wassertümpel entstehen können. Während der Blütezeit ist der Baum übersät mit rosa Blütenähren. Das oft anzutreffende
graugrüne Aussehen der schuppenartigen, gezähnten Blätter kommt von
den Salzausscheidungen. Es gibt 80 Arten von Tamarisken und in Israel
werden enorme Wüstenflächen plantagenartig mit Exemplaren dieser
Gattung bepflanzt. Die »T. mannifera« liefert nach einem Stich der
Schildlaus »Coccus manniparus« das aus der biblischen Geschichte bekannte »Manna«, das aus dem zuckerhaltigen Saft des Stammes gebildet
wird.

**WATSONIA
longifolia**
(Iridaceae)

*Trichterschwertel
Watsonia*

Eine Blütenpflanze mit gladiolenähnlichen Blüten, die aber zu den
Schwertliliengewächsen zählt und deren bis zu 1 m hoher Stengel bis zu 20
Blütenkelche trägt, vorwiegend rosa gefärbt.
»W.ardernei« hat weiße, ab und zu bläulich schimmernde Blütenkelche.
In Südafrika gibt es 35 Arten dieser Gattung und alle haben einen Kelch
aus sechs Blütenblätter. Auf der Kaphalbinsel sind verschiedene Arten re-
lativ häufig anzutreffen.

Inhaltsverzeichnis der gelbblühenden Pflanzen

ACACIA erioloba, syn. A. giraffae   *Kameldornakazie*
(Mimosaceae)   *Giraffendorn*

Eine weitverbreitete afrikanische Akazienart, die auch in ihren Erscheinungsformen sehr vielseitig ist. Vom dornenübersäten Busch mit etwa 2 m
Höhe bis zum oft mehr als 18 m hohen Baum sind alle Zwischenformen
anzutreffen, vor allem in den ariden Gebieten Süd- und Südwestafrikas.
Die doppeltgefiederten Blätter treten in Büscheln von 2 bis 7 Stück aus
den Knoten der Zweige und Dornen hervor. Jede Blattfieder besteht aus
8 bis 18 Blättchenpaaren. Die an gelben Stielen angeordneten, sehr wohlriechenden goldgelben Blütenbällchen treten ebenfalls aus den genannten
Knoten heraus. Die Blütezeit liegt zwischen Juli und September. Die bis
zu 10 cm langen Dornen sind öfters an ihrer Basis aufgeschwollen und
gleichen dann denjenigen der »Flötenakazien«. Kennzeichnend für diese
Art sind die gebogenen, wie mit Samt überzogenen Samenhülsen, die an
langen Stielen hängen. Hülsen und Samen geben ein hervorragendes Futter für Wild und Haustiere. Bei Kühen wird sowohl die Milchqualität als
auch die Menge verbessert. Das sehr harte, dunkelbraune Holz ist resi-
stent gegen Termiten und andere Schädlinge. Der aus ihm fließende und

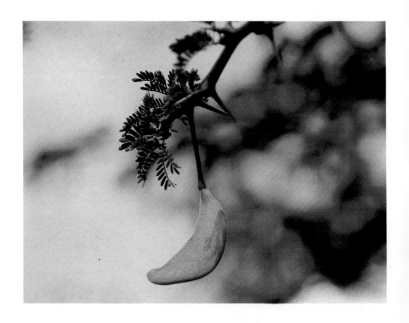

sich an der Luft erhärtende süße Gummisaft wird von den Eingeborenen gerne als Bonbon gegessen. Aus der Rinde wird ein ausgezeichnetes Mittel gegen Kopfweh gewonnen. Im übrigen ist der Volksname »Kameldorn« falsch und beruht auf einem Übersetzungsfehler aus dem Africaans, richtig muß es heißen »Giraffendorn«.

ACACIA karroo syn. A. natalitia *Zuckerdorn*
(Mimosaceae)

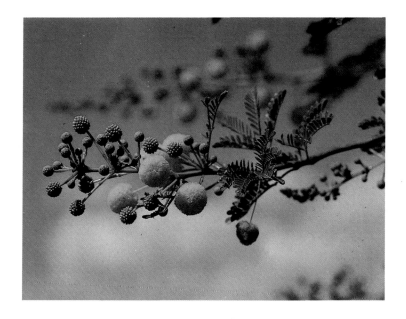

Auch diese Akazienart ist in Afrika weit verbreitet und tritt in zahlreichen Erscheinungsformen vom Busch bis zum schattenspendenden etwa 15 m hohen Baum auf. Immer aber fasziniert der sog. »Zuckerdorn« durch seine goldgelbe Blütenpracht in der Zeit von Oktober bis Januar. Die Rinde der älteren Exemplare ist rauh und dunkelrotbraun bis schwärzlich, während die jungen Zweige und Äste glatt und rostrot sind. Die weißen bis zu 10 cm — gelegentlich sogar über 15 cm — langen Dornen sind sehr spitz. Aus den Astknoten treten sowohl die doppeltgefiederten Blätter, als auch die goldgelben, an 3-4 cm langen Stielen angeordneten, Blütenbällchen hervor. Auch diese Blüten sind sehr wohlriechend und bilden durch ihren Pollen- und Nektarreichtum eine regelrechte Bienentracht. Die Rinde ist sehr reich an »Tannin« und daher zum Gerben verwendbar. Diese Akazienart zählt zu den wenigen Arten die frost- und trockenheitsunempfindlich sind, jedenfalls bis zu einem gewissen Grad.

ACACIA nilotica subsp. kraussiana   *Duftschotenakazie*
syn. A. arabica
(Mimosaceae)

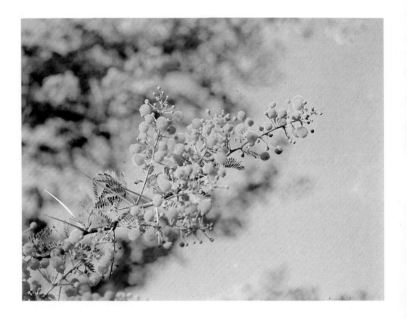

Dieser meist einstämmige Baum erreicht eine durchschnittliche Höhe von
6 m. Seine Krone läßt ihn oft mit der »A. tortilis« — der sog. »Schirmakazie« verwechseln. Eine einwandfreie Identifikation ist dann gegeben,
wenn die kettenförmig ausgebildeten, leicht gebogenen 16-20 cm langen
Fruchthülsen an den Zweigen hängen. Im Reifezustand sind sie schwarz.
Die weißen, gelegentlich auch bronzefarbenen Dornen sind durchschnittlich 3 cm, aber auch 8-12 cm lang und paarweise an den Zweigen angeordnet. Die sattgrünen doppelt gefiederten Blätter entspringen in Büschel
zu 3-5 Stück. Zwischen November und Januar ist die überreiche Blüte der
goldgelben Blütenbällchen und manchmal setzen die Bäume im März zu
einer 2. Blüte ein. Die Schoten strömen im Reifezustand einen süßen Duft
aus. Von dieser Art gibt es noch 7 Unterarten, bei allen ist das Holz rötlich und sehr hart, es sondert ebenfalls einen eßbaren gummiartigen süßen
Saft aus.

ACACIA pycnantha   *Ägyptische Mimose*
(Mimosaceae)

Ein kleiner bis mittelgroßer, an einen Eukalypthus erinnernder Baum, der aus Australien nach Afrika gekommen ist und dessen Zweige vorwiegend überhängend sind. Die Blätter werden von 8-18 cm langen und ca. 2 cm breiten, lederartigen Phyllodien — sogenannten Blattstielblättern — gebildet, d. h. der ursprüngliche Blattstiel hat sich verbreitert und ist an die Stelle der Blätter getreten. Die Blüten werden von goldgelben, zu dichten Trauben vereinigten Bällchen gebildet, die sehr wohlriechend sind. Die Blütezeit ist zwischen März und April. Die Früchte sind etwa 8-14 cm lange Hülsen mit deutlich sichtbaren Samenkernausbeulungen. Man begegnet dieser Art in fast ganz Afrika, vorwiegend in Nordafrika und im Süden.

ACACIA tenuispina　　　*Feindorn*
(Mimosaceae)

Ein Busch, der kaum höher als 2 m wird und dessen Hauptstamm kaum einen Durchmesser von mehr als 2 cm aufweist. Die Rinde ist dunkelbraun und bis zu 20 cm lange Dornen sind paarweise an den Ästen und Zweigen angeordnet. Sie sind silbrig weiß, an der Basis leicht geschwollen und verschiedentlich haben die nadelfeinen Spitzen eine rötliche Färbung. Aus den Drüsen der Äste entspringen die Fiederblätter und die auf kurzen Stielen sitzenden gelben Blütenbällchen, die sehr wohlriechend sind. Blütezeit ist von November bis Januar. Nach Aprilregenfällen setzt gerne eine 2. Blüte ein. Diese Art bildet mit »A. karroo« leicht Hybriden, die in ihrer Artzuordnung oft schwer zu bestimmen sind.

ALOE barbadensis   *Echte Aloe*
syn. A. vera
(Liliaceae)

Die Gattung der Aloe umfaßt mehr als 200 Arten und ist in Südafrika und Madagascar beheimatet. Die hier gezeigte Art ist bis auf das amerikanische Festland vorgedrungen und verwildert. Sie ist stammbildend, hat rosettenartig angeordnete, fleischige Blätter, die an den Rändern gezähnt sind. Die gelben Blüten stehen dicht zu einer 50 cm langen aufrechtstehenden Traube. Von der rotblühenden »A. ferox« wird der Blattsaft zu einer Droge verarbeitet und in der pharmazeutischen Industrie als Abführmittel verarbeitet. Größere Dosierungen führen zu Nierenschädigungen. Die hier gezeigte Art wird seit langem als Küchengewürz verwendet.

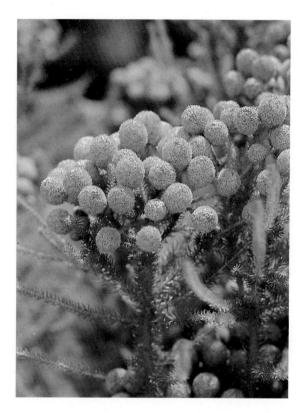

BERZELIA
galpinii
(Bruniaceae)

Berzelie

Die Berzelien bilden eine der zwölf Gattungen aus der Familie der Bruniaceen, die selbst zu den Rosengewächsen zählen, und ausschließlich ihren Standort in Südafrika haben, wo sie beispielsweise an den Hängen der Kaphalbinsel die Landschaft der »Capensis« mitprägen. Die nadelförmigen Blättchen geben den 60-80 cm hohen Sträuchern das Aussehen junger Fichten. Lediglich die endständigen, relativ dicken Blütenkugeln, die von Art zu Art auch farblich Unterschiede von weiß bis gelb aufweisen, ändern diesen Eindruck. In letzter Zeit werden Berzelien in unseren Blumengeschäften als Schnittblumen angeboten, die durch ihre ätherischen Öle einen erfrischenden Wohlgeruch verbreiten.

BRACHYCHITON
discolor
(Sterculiaceae)

Ein aus Australien eingebürgerter Baum, der verschiedentlich eine Höhe bis zu 15 m erreicht und bis zum Mittelmeerraum anzutreffen ist. Es sind 11 Arten bekannt. Die Triebe und die unregelmäßig gelappten (5-7fach) Blätter sind leicht behaart. Sie werden bis zu 15 cm breit und besitzen eine herzförmige Basis. Die Blattunterseite ist hell bis weißlich. Der Blütenkelch ist trichterförmig und innen orangegelb oder rosa gefärbt. Die Außenseite ist rotbraun behaart. Alle Teile der Blüten sind fünfzählig. Das weiche Holz wird für Schachteln und Schindeln verwendet.

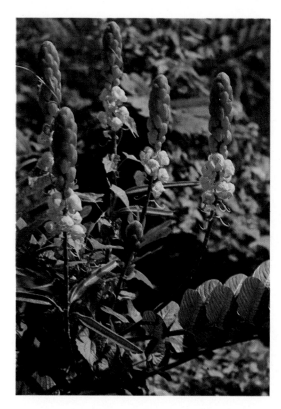

CASSIA alata
(Leguminosae)

Kerzenkassie
Gewürzrinde

Der ursprünglich aus Amerika stammende, um die 3 m hoch werdende Strauch ist in ganz Afrika heimisch geworden. Die »C. alata« hat gefiederte, große Blätter, die über einen halben Meter lang werden. Die einzelnen Blättchen stehen in 7 bis 15 Paaren und erreichen Durchschnittslängen von 7-10 cm. Die Nebenblätter sind dornig, die Blüten in ca. 50 cm langen Trauben an den Triebenden angeordnet. Die geschlossene Blütentraube ist braun und die einzelnen von unten nach oben sich öffnenden Blüten sind goldgelb. Die Fruchthülsen erreichen Längen zwischen 20 und 28 cm. Es gibt etwa 570 Cassia-Arten, die auf allen warmen Erdzonen verbreitet sind — mit Ausnahme derjenigen von Europa. Die hier gezeigte Art wird in der Pharmazie zur Herstellung von Heilmitteln gegen Hautflechten verwendet.

DIDELTA carnosa *Pferdebusch*
(Compositae)

Ein Blütenbusch mit holzigen Hauptästen an denen endständig gelboran-
gefarbene, margeritenähnliche Blüten angeordnet sind. Die breiten, ovalen, grünen Blätter sind direkt unter den Blüten so angeordnet, als würden
sie für diese ein Nest bilden. Von August bis Oktober ist der Busch wie
mit einer Blütenkrone versehen. Er gedeiht in trockenen, warmen Zonen
Süd- und Südwestafrikas, vorwiegend im Namaqualand. Blätter und Stiele bzw. Äste haben eine sukkulente Struktur. Die »D. spinosa« ist leicht
mit der hier gezeigten Art verwechselbar, sie hat lediglich hellgelbe Blüten.

GREVILLEA robusta   *Silbereiche*
(Protaceae)

Ein aus Australien eingebürgerter Baum, der in Ostafrikas Kaffeeplantagen vorwiegend als Schattenspender angepflanzt ist. Die dunkelgelben bis 30 cm lang werdenden Blütentrauben, die sich aus vielen einzelnen Blütenkelchen mit lang herausragenden Griffeln zusammensetzen, haben das Aussehen langgestreckter Nadelkissen. Die silberglitzernden, dunkelgrünen und fiederschnittigen Blätter sehen einem Farn sehr ähnlich. Das Holz gleicht unserem Eichenholz, daher dürfte auch der Volksname begründet sein.

**LEUCOSPERMUM
conocarpodendron**
(Protaceae)

*Federquasten-
protea*

Wohl die schönste Art aus der reichhaltigen Gattung der L., die nicht weniger als 47 Spezies umfaßt. Jeder Griffel der hier gezeigten Art ist von einem »Federmantel« umgeben, aus dem er sich herauslöst und dann zum
typischen »Nadelkissen«-Anblick der Blüte beiträgt. Die Ursprungsfarbe
ist gelb. Je älter die Blüte jedoch wird, desto dunkler wird ihre Farbe bis
hin zum Rot. Auf dem Bild ist deutlich das Heraustreten der Griffel aus
ihrer »Federumhüllung« erkennbar. Der buschartige Baum wird bis zu
5 m hoch und hat eine rötlichgraue glatte Rinde. Die tiefgrünen, am Ran-
de gezähnten Blätter erreichen Größen von ungefähr 15 × 6 cm.

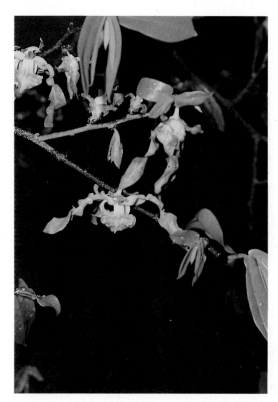

MONODORA
stenopetala
(Annonaceae)

Ovaler Grünapfel

Ein Busch oder schmaler Baum, der vor allem im Dickicht der Galeriewälder West-, Ost- und Südafrikas bis zu 8 m hoch wird. Im Gegensatz zu »M. junodii« sind die Blätter und jungen Zweige samtartig. Die orchideenartigen Blüten sind gelblich und bisexual, die drei äußeren Petalen sind bis zu 5 cm lang, aber sehr schmal und in sich gewellt. Sie gehen nach den ersten Regenfällen im September oder Anfang April auf. Die ovale Frucht enthält in einer hölzernen Schale viele Samenkerne, die von den eingeborenen Frauen zu Halsschmuck verarbeitet werden. Aber auch ein Gewürzöl wird durch Verpressen der Samenkerne gewonnen. Die Kultivierung dieser Gattung ist jedoch sehr schwer, deshalb ist dieser Baum auch fast überhaupt nicht in Parks, Gärten oder Anlagen anzutreffen.

PELTOPHORUM
africanum
(Caesalpinioideae)

Afrikarute
Regenbaum

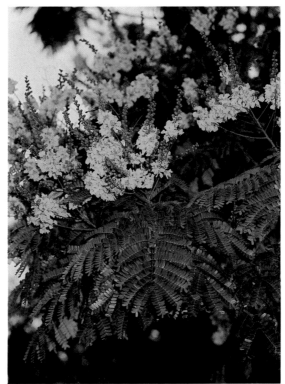

Der zu den Johannisbrotgewächsen zählende, sowohl den Blättern nach als auch aufgrund seiner goldgelben, bis zu 30 cm lang werdenden Blütenrispen äußerst attraktive Baum ist in der Baumgrassavanne und in ebenen Tälern Afrikas südlich des Äquators beheimatet. Die doppeltgefiederten Blätter sind dunkelgrün. Die Blütezeit der langen, stehenden gelben Blütenrispen, deren einzelne Blüte in allen Teilen fünfzählig ist, beginnt ab Mitte September und geht bis Februar. Aus der Rinde gewinnen die Eingeborenen ein Heilmittel gegen Koliken und einen Absud als Mittel gegen Bauchweh, aber auch gegen Augenentzündungen. Das Stammholz setzt sich aus einem äußeren hellen Weichholzteil und einem dunklen Hartholzkern zusammen. Der Baum wird auch als »Regenbaum« bezeichnet, denn im Frühling »tropft« es von den Blättern herab. Es ist der sogenannte »Blatthonig«, der aber durch ein Insekt — Ptyelus grossus — im Zusammenwirken mit bestimmter Wärme und Luftfeuchtigkeit erzeugt bzw. hervorgerufen wird.

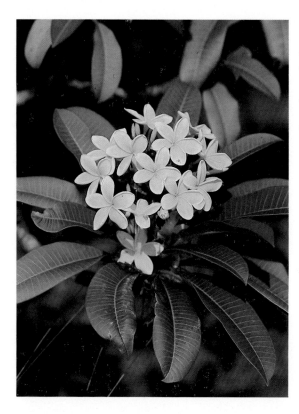

PLUMERIA
rubra
var. acutifolia
(Apocynaceae)

Frangipani
Westindischer
Jasmin

Ein als Baum oder Strauch von 3-7 m Höhe aus Mittel- und Südamerika stammendes »Hundsgiftgewächs«, dessen auf Trugdolden sitzende rote, gelbe oder weiße sehr wohlriechende Blütenkelche, das ganze Jahr über blühend, diesen Baum schmücken. Die Blätter sind breit lanzettartig bis länglich und mit gut sichtbaren Nervensträngen versehen. Die lederartigen, dunkelgrünen Blätter werden bis zu 35 cm lang und werden nur von den älteren Bäumen zwischen Dezember und März abgeworfen. Während dieser Zeit sieht man nur die leuchtenden Blütendolden auf den narbenüberzogenen Endtrieben der Zweige. Die Narben stammen von den Blattstielansätzen, so wie man dies beispielsweise auch bei den Palmen kennt. Der latexartige Saft von Stamm und Blüte ist giftig, wird aber in der Pharmazie für Rheumamittel und Heilsalben für Hautkrankheiten verwandt.

PROTEA
lorifolia
(Proteaceae)

Riemenblättrige
Protea

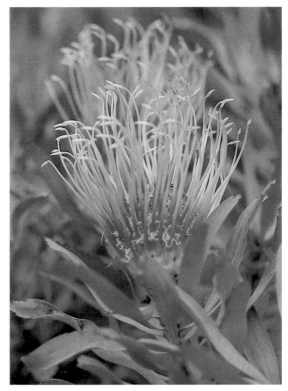

Vorwiegend als 1-2 m hoher Busch vorkommende Protea-Art, deren rie-
menförmige, ledrige Blätter ihr den Namen gegeben haben. Diese Blätter
werden fast 25 cm lang und bis zu 4 cm breit. Frisch aufgegangene Blätter
sind samtartig behaart. Die zwischen einem olivgelb und dunkelgelb gefärbten Nebenblütenblätter der 10-12 cm langgestreckten Blüten sind
häufig durch die Blätter verdeckt. Blütezeit ist von Mai bis August.

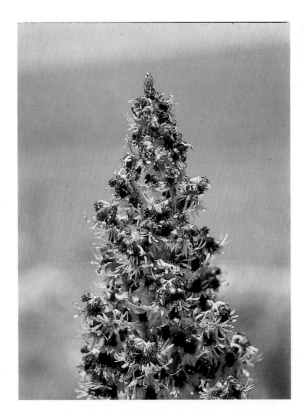

**SENECIO
brassica**
(Compositae)

Kohlsenecia

Das zu den sogenannten »Riesenkreuzkräutern« zählende Gewächs besiedelt die Höhenregion um 3 300 - 3 500 m — an einzelnen Stellen am Mt. Kenia, wie dieses Bild zeigt, auch knapp 4000 m Höhe — der ostafrikani-
schen Gebirgsregion, die auch »Nivalstufe« genannt wird. In erster Linie
werden die Hochmoorlandschaften des Kilimandscharo und des Mt. Kenia besiedelt. Der riesige, mit Hunderten von typischen gelben Senecien-
blüten überladene Blütenstand erreicht Höhen von 2 m. Die verwelkten
Blüten nehmen eine purpurne Farbe an, so daß der Blütenstand aus einer
gewissen Entfernung wie marmoriert aussieht. Die auf der Unterseite hell
und silbrig leuchtenden, auf der Oberseite jedoch hellgelbgrünen Blätter
bilden weithin sichtbare und die Moorlandschaft belebende Rosetten bis
zu einem Durchmesser von einem halben Meter. Übrigens, es gibt im gesamten Weltpflanzenreich nicht weniger als 3000 Senecienarten.

SOLANDRA
nitida
(Solanaceae)

Trompetenblume
Goldkelch

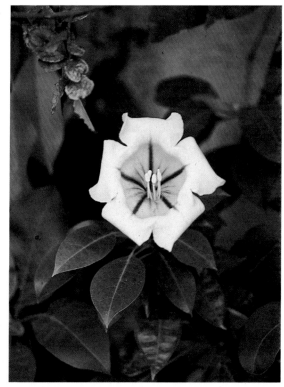

Eine aus dem tropischen Amerika stammende Kletterpflanze, wird vor allem in Parks, Villengärten oder Hotelanlagen angepflanzt und da der Afrikareisende unweigerlich mit ihr Bekanntschaft macht, sei sie hier angeführt. Es handelt sich um ein Nachtschattengewächs, dessen riesige, bis zu 25 cm lange und »kuchentellergroße« Blütenkelche hellgelb aus einem Gewirr von dunkelgrünen, breitelliptischen Blättern herausleuchtet. Der glockenförmige Blütensaum wird im erblühten Zustand von fünf zurückgeschlagenen Lappen des Kelches gebildet, der im befruchteten Zustand eine kugelige zweifächrige Fruchtbeere bis zur Reife umschließt. Die Blüte strömt insbesondere bei Nacht einen sehr starken, wohlriechenden Duft aus.

**TECOMA stans
syn. Stenolobium
stans**
(Bignoniaceae)

*Gelber
Trompetenbaum*

Dieser aus Mittelamerika stammende und über weite Gebiete ganz Afrikas verbreitete Blütenbaum wird bis zu 6 m hoch, ist jedoch vorwiegend in Buschform anzutreffen. Die gelben, in endständigen Rispen oder Trauben zusammengefaßten Blüten sind glockig-trichterförmig, gelb und werden bis zu 6 cm lang. Die stark gerippten und an den Rändern gezähnten Blättchen von etwa 8-10 cm Länge sind mit 3 bis 5 Paaren zu einem Fiederblatt zusammengefaßt. Die Früchte bilden 15-25 cm lange, schmale, am Ende zugespitzte Kapseln. Von der Gattung »Tecoma« sind 16 Arten bekannt.

THEVETIA
peruviana
syn. Th. nerrifolia
(Apocynaceae)

Gelber Oleander

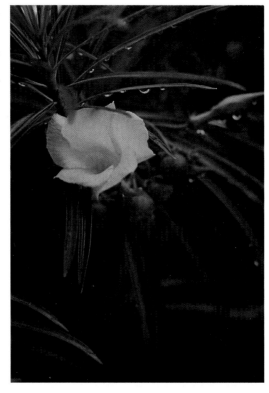

Auch dieser Blütenstrauch oder Baum ist aus Südamerika in Afrika eingebürgert worden. Es handelt sich um eine immergrüne Oleandergattung,
die in Baumform Höhen von 6-8 m erreicht. Die wechselständig angeordneten lanzettlichen Blätter sind glänzend dunkelgrün und werden zwischen 15 und 20 cm lang. Die wohlriechenden Blütenkelche setzen sich aus
fünf gewundenen Blütenblättern zusammen. Die Blüte erreicht eine Länge von 7-8 cm und einen Durchmesser von etwa 5 cm und ist in endständigen Trugdolden angeordnet. Alle Pflanzenteile sind giftig und enthalten
»Thevetin«, aus dem ein starkes Mittel gegen Fieber hergestellt wird. Der
aus Schnittwunden des Stammes oder der Äste fließende milchige Saft ist
jedoch ungiftig. Die etwa 2,5 cm große eckige Frucht färbt sich bis zur
Reife von Grün über Rot bis zum Schwarz.

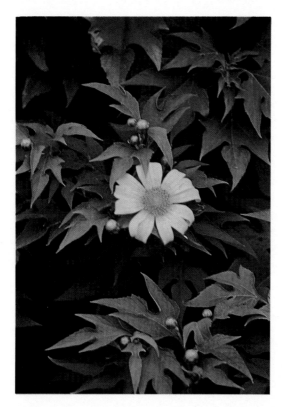

TITHONIA
diversifolia
(Compositae)

Sonnenstern

Eine Gattung aus der zweitgrößten Familie der Bedecktsamer (Angiospermen), die mit ihren mehr als 19000 Arten nur noch von den Orchideengewächsen übertroffen wird. Die hier gezeigte Tithonia mit ihren meist dreifingerigen dunkelgrünen Blättern kam von Mexiko nach Afrika und ist dort weitverbreitet als sogenannter »lebender Zaun«, insbesondere für die Begrenzung von Weiden, denn das Weidevieh frißt diese Sträuche, die bis zu 3 m hoch werden, nicht an. Die für die Compositen typischen gelben Blütenstände ähneln beispielsweise den bei uns bekannten Topinamburblüten. Die Blütezeit geht von Mai bis fast in den Oktober hinein.

Inhaltsverzeichnis der weißblühenden Pflanzen:

ACACIA abyssinica subsp. calophylla   *Abessinische Akazie*
syn. A. xiphocarpa
(Mimosaceae)

Die Stammart »A. abyssinica« ist in ihrem Vorkommen ausschließlich auf
Aethiopien beschränkt und alle in Ost- und Südafrika vorkommenden
Arten zählen zur Subspezie »calophylla«. Der 12-15 m hoch werdende
Baum mit seiner einer Schirmakazie ähnelnden Krone kommt im höher
gelegenen Waldland oder in bewaldeten Bergtälern vor. Seine Rinde ist
rauh und schwärzlich braun, bei jungen Bäumen ist sie glatt und schält
sich in papierdünnen Schichten. Die jungen Zweige sind mit feinen grau-
gelben Härchen besetzt. Die Fiederblättchen entfalten sich nach der Blütezeit, die zwischen Oktober und Dezember liegt. Die Blüte selbst bildet
ein weißes Bällchen, das sehr wohlriechend ist. Die Früchte sind 10-15 cm
lange, unten zugespitzte, braune Hülsen.

ACACIA drepanolobium   *Schwarzgallen-Akazie*
(Mimosaceae)   *Flötenakazie*

Eine eigentümliche Art, die vorwiegend im Graslandbecken vorkommt, in denen sich das Wasser der Regenzeit staut und nicht abfließen kann. In solchen sehr tonigen Böden dringt das Wasser nur in geringe Tiefe ein. Während der Trockenheit sind diese Böden steinhart und mit tiefen Rissen übersät. In solchen Gebieten ist die oben genannte Akazienart sehr weit verbreitet. Es gibt noch mehrere Arten von Flötenakazien, wovon die obige Art insbesondere mit der »A. seyal var. fistula« relativ leicht verwechselt wird.

Da die oben genannten Gebiete selten von Buschbränden heimgesucht werden, andererseits aber kaum eine geschlossene Grasdecke zu finden ist, und wenn doch vorhanden, dann meist total überweidet, verbleibt im Boden durch den Mangel an Wasserverdunstung relativ viel Wasser, so daß alle Keimlinge von Holzpflanzen — in erster Linie der genannten Akazienart — durchkommen.

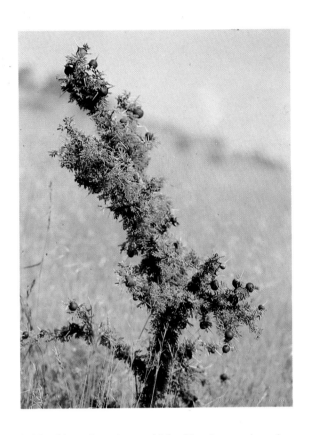

An der Basis der beiden bis zu 8 cm langen Nebenblattdornen sitzen kugelförmige Gallen. Diese werden im frischen, noch weichen Zustand von Ameisen angebohrt und zu Nestern ausgebaut. Geht nun ein Wind, so erzeugen aufgrund der Bohrlöcher diese Gallen Töne. Dieser Umstand verschaffte dieser Art den Volksnamen »Flötenakazie«.

Die weißen, wohlriechenden Blüten — auf kurzen Stielen stehend — und die Fiederblätter bilden sich in der Regenzeit.

ACACIA galpinii   *Affendorn*
(Mimosaceae)

Der »Affendorn« ist ein schöner, bis zu 20m — verschiedentlich auch
noch höher werdender — Baum, der im offenen, baumbestandenen Gras-
land entlang der Flüsse oder Bäche gedeiht. Die korkartige rauhe Rinde
ist braun und weist tiefe Risse in der Längsrichtung auf. Die hakenförmi-
gen Dornen sind paarweise an den Ast- und Zweigknoten. Die Blüten gleichen Flaschenbürsten, sind cremefarbig bis gelblich und haben rote
Kelch- und Blütenblätter. Die fast 30 cm lang werdende Hülse ist rötlich
bis purpur. Die Blätter sind doppelt gefiedert. Das sehr harte Holz ist
schwer bearbeitbar, gibt aber Möbelholz der Spitzenklasse. Diese Art läßt
sich relativ gut kultivieren und ist auch etwas frostbeständig. Hier sei er-
wähnt, daß ein Umpflanzen von Akazien infolge des intensiven und lang-
anhaltenden Kloakengeruches sehr unangenehm ist.

ACACIA gerrardii
Syn. A. hebecladoides
(Mimosaceae)

Rotdorn-Akazie
grauhaarige Akazie

Ein echter Savannenbaum mit schirmartiger Krone, meistens mehrstämmig mit Höhen bis zu 8 m. Die graue bis rötlichbraune Rinde ist vorwiegend rissig, verschiedentlich aber auch glatt. Die jungen Zweige sind samtartig behaart, so daß sie einen silbrig grauen Anblick bieten. Die graubraunen Dornen mit dunkelbrauner Spitze sind sowohl in gerader als auch in gekrümmter, hakenförmig gebogener Gestalt anzutreffen. Aus den Dornenansätzen an den Astknoten entspringen auch die weißen Blütenbällchen, die im Knospenzustand rötlich gefärbt sind, wie das Bild zeigt. Die doppeltgefiederten Blätter sind mit Haarfransen versehen. Die 8-18 cm lang werdenden Hülsen mit 8 bis 10 Samenkernen sind ebenfalls grau behaart und werden zwischen Dezember und April reif. Die Blütezeit ist von Oktober bis Januar.

ACACIA hebeclada subsp. hebeclada *Kerzenakazie*
syn. A. stolonifera
(Mimosaceae)

Diese für den Süden Afrikas charakteristische Akazienart, die sowohl als Busch als auch als Baum mit Höhen bis zu 7 m insbesondere die Kalaharie besiedelt, ist laubabwerfend. Die Rinde ist vorwiegend glatt und schwarz, während die jungen Äste und Zweige oliv- bis bronzefarben sind. An den Drüsen entspringen paarweise die leicht gekurvten, d.h. hakenförmig gekrümmten Dornen. An kurzen Stielen sitzen die weißen bis gelblichen Blütenbällchen.

Die wie Kerzen aufrechtstehenden Samenhülsen haben dieser Spezie den
Namen gegeben. Das Holz ist sehr hart, aber schön gemasert und dunkelbraun. Insgesamt gibt es 3 Subspezies: »subsp.hebeclada«, »subsp.tri-
stis« — mit fast 25 cm langen gebogenen und hängend angeordneten Hülsen — und »subsp.chobiensis«, deren Hülsen wieder aufrechtstehen und
behaarte Blätter aufweist. Letztere Art ist in Botswana und Südwestafrika
weit verbreitet. Blütezeit ist von Juli bis Anfang Oktober.

ACACIA hereroensis
syn. A. mellei
(Mimosaceae)

Bergdorn,
Bergakazie

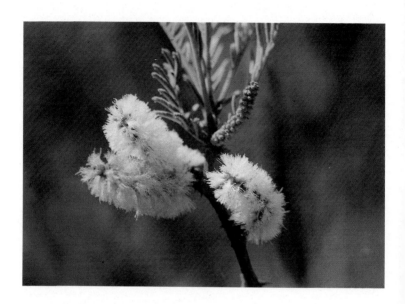

In Süd- und Südwestafrika sowohl als Busch als auch als Baum anzutreffende Akazienart. Im letzteren Fall erreicht sie Höhen von 10 m und einen Stammdurchmesser von 80-90 cm. Die braungraue Rinde ist längsris-
sig und bildet gerne rechteckige Platten. Die jungen Zweige haben eine
leicht purpurne Färbung und sind glatt. Aus den Drüsen entspringen die
doppeltgefiederten Blätter und die weißen Blütenähren, die sehr wohlriechend sind. Diese Ähren können bis zu 8 cm lang werden. Blütezeit ist
von Dezember bis Februar. Die geraden, an den Enden zugespitzten Samenhülsen umschließen 5-8 runde Samenkerne. Diese Art ist leicht mit
»A. caffra« zu verwechseln, jedoch sind die Blätter der letzteren größer
und auch die Blüten stehen im Gegensatz zur obigen Art in Büscheln.

ACACIA tortilis subsp. heteracantha   *Schirmdorn*
syn. A. heteracantha, A. litakunensis   *Schirmakazie*
A. rnaras, A. spirocarpoides.
(Mimosaceae)

Die wohl bekannteste und weitverbreitetste Art aus der Gattung der Akazien. Teils als Busch, teils als Baum und teils als mehrstämmiger Buschbaum mit Höhen von 5-20 m vorkommend, weist diese Art zwei charakteristische Merkmale auf, einmal die einem Schirm ähnlich weit ausladende Krone und zum andernmal die eingerollten, oft spiralförmig gebogenen, verschlungenen Samenhülsen. Die rissig wirkende Rinde ist grau bis
dunkelbraun, die Dornen kommen in vielfältiger Ausgestaltung vor, einmal gebogen, das anderemal gerade, außerdem in fast allen Längen, wobei diese Längenunterschiede und auch die verschiedenen Formen auf ein
und demselben Ast oder Zweig schon vorzufinden sind.

Die doppelt gefiederten Blätter entspringen an den dornigen Nebenblättern und weisen eine blaugrüne bis graugrüne Färbung auf. Die überreich mit weißen, wohlriechenden Blütenbällchen übersäten Äste scheinen sich unter der Blütenlast zu biegen. Blütezeit ist von November bis Januar. Es gibt vier wesentliche Unterarten, von denen sich die »subsp. spirocarpa« durch die längeren Blütenstiele und samtartig behaarten jungen Zweige am deutlichsten abhebt. Die Blätter und die Hülsen bilden für Wild und Weidetiere ein beliebtes und sehr nahrhaftes Futter. Das Holz ist weißlich und weich.

ADANSONIA digitata   *Baobab, Teufelsbaum,*
(Bombacaceae)   *Affenbrotbaum*

Ohne Zweifel der markanteste Baum der Tropen, der in blattloser Zeit aussieht, als wäre er verkehrt gewachsen, d.h. mit den Wurzeln zum Himmel. Deshalb auch der Name »Teufelsbaum«. Ein Gigant voller Kraft und Leben, dessen Bestand in Kenia z.B. durch die Elefanten mehr als dezimiert worden ist, denn sein überdimensionaler Stamm weist ein sehr saftiges aber auch sehr weiches Holz auf, das den Stoßzähnen der Elefanten nicht gewachsen ist. Daß so ein auffallender Baum sagenumwoben ist, bedarf keines besonderen Hinweises. So heißt es beispielsweise, daß ein Sud mit eingelegten Baobab-Samenkernen ein sicheres Schutzmittel gegen Krokodilangriffe ist, oder ein Sud aus der Baumrinde demjenigen Macht und Kraft verleiht, der diesen Sud trinkt. Zweifellos ist, daß viele Tiere von, mit und in dem Baume leben. Die bis zu 20 cm groß werdenden handteiligen Blätter sind dunkelgrün und leicht behaart. Der Blattstiel wird bis zu 12 cm lang. Die großen weißen Blüten erreichen ebenfalls eine Länge von oft mehr als 20 cm, sind bisexual und alle Blütenteile sind fünfzählig. Affen, Fledermäuse und manche andere Tiere fressen sie besonders gern. Die Dauer der einzelnen Blüte ist nur sehr kurz, kaum länger als 2 Tage. Die Blütezeit ist von Oktober bis Dezember, aber man findet über das ganze Jahr über Bäume mit vereinzelten Blüten. Die ovalen bis über 30 cm lang werdenden Früchte sind mit einer harten Schale umgeben, die gelblich-grau und samtartig behaart ist. Die zahlreichen Samenkerne lagern in einer weißlichen bis zitronenfarbigen pulverigen Masse, die sehr erfrischend schmeckt und auch zur Herstellung von Getränken verwendet wird. So ein Trank ist ein fiebersenkendes und gegen Skorbut wirkendes Heilmittel.

AGAPANTHUS
africanus
(Liliaceae)

Afrikalilie
Lilie des Nils

Diese aus Südafrika, speziell vom Cap der guten Hoffnung stammende Lilie gibt es mit schneeweißen oder blaulila Blüten, die in großer Anzahl eine Dolde bilden, die auf einem bis zu 70 cm langen, glatten Stiel sitzen. Die ledrigen grünen Blätter weisen Maße von etwa 25 cm Länge und 1 cm Breite auf.

Diese mehrjährige Pflanze gedeiht auch recht gut in Töpfen bei uns als Balkon- oder Terrassenschmuck. Vor Frosteinbruch muß sie jedoch zum Überwintern in die Wohnung etc. gebracht werden.

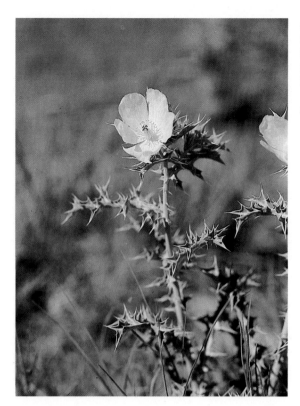

ARGEMONE
munita
syn. A.
polyanthemos
(Papaveraceae)

Distelmohn

Eine der 47 Gattungen mit 700 Arten aus der Familie der Mohngewächse. Die hier gezeigte Gattung und Art ist über fast alle Tropengebiete verbreitet. Der Autor hat sie sowohl in West-, Süd- und Ostafrika angetroffen, wie auch in den ariden Gebieten Nord- und Mittelamerikas. Die großen weißen Mohnblüten sitzen auf blaugrünen stachelbewehrten Stengeln. Auch die Blätter enden in ihren Spitzen und Lappen in scharfe Dornen. Die Samenkapsel enthält wie alle Mohnkapseln viele kleine Samenkerne, die ölhaltig sind

BOSCIA
mossambicensis
syn. B.
welwitschii
(Capparaceae)

Breitblattboscia

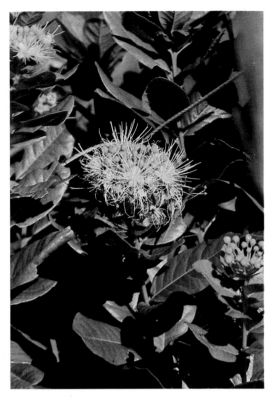

Der zu den Kaperngewächsen zählende buschartige Baum erreicht Höhen bis zu 6 m und besiedelt die afrikanischen Savannenniederungen. Die Rinde der älteren Stämme bzw. Äste ist graubraun, während die jungen Zweige eine grünlich gelbe Rinde aufweisen. Die Blätter sind im Gegensatz zu anderen Boscia-Arten lang und breit, etwa 7x4 cm, und dunkelgrün. Die gelben Nervenstränge sind deutlich sichtbar. Die Blüten stehen in Dolden bis zu 20 Stück an den Enden der Zweige. Die Einzelblüte ist sehr attraktiv, wie das Bild zeigt. Blütezeit ist von April bis Juni. Die Früchte haben eine sphärische Form und sind im Reifezustand gelblich bis rot.

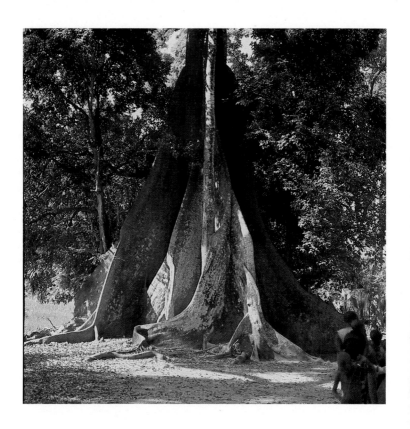

CEIBA pentandra　　　*Kapokbaum*
(Bombacaceae)

Das Wollbaumgewächs aus derselben Familie wie der Baobab. Das unverwechselbare charakteristische Merkmal dieser Art sind die enormgroßen Brettwurzeln, die den bis zu 40 m und darüber hoch werdenden Stamm stützen und mit Nahrung versehen. Die Blätter sind mehrfingerig, meistens 7 längliche, zugespitzte Blätter, die alle in einen langen Stiel münden, ähnlich unseren Roßkastanienblätter, wenn man nur die Gesamtform des Blattes betrachtet. Die weißen Blüten stehen endständig gebüschelt an den Zweigspitzen. Die Äste verlaufen fast waagrecht vom Stamm weg. Die etwa 15 cm lange lederige Samenkapsel ist dicht gefüllt mit Wolle — dem KAPOK — in der die Samenkerne eingebettet sind.

Diese Wolle geht von den Samenschalen und nicht wie sonst meistens von den Samen aus. Erst in neuerer Zeit wurden Verfahren entwickelt, damit der Kapok auch verspinnbar ist. Besonders geeignet ist der Kapok als Füllung für Schwimmwesten bzw. als Trag- und Stabilisierungskörper für die Fälle, die starken äußeren Belastungen unterworfen sind und luftgefüllte Behälter einer großen Zerstörungsgefahr unterworfen sind, denn seine Tragfähigkeit hat bisher alle anderen Materialien bei weitem übertroffen und ist erst in neuerer Zeit durch Styropor in dieser Eigenschaft überflügelt worden. Durchschnittlich das 40fache seines Gewichtes kann eine Kapokfüllung tragen, außerdem trocknet sie äußerst rasch und gewinnt ihre Eigenschaften sofort wieder.

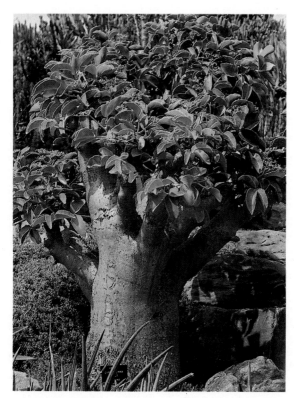

**CYPHOSTEMMA
currorii
syn. Cissus
currorii,
Cissus
cramerianus.**
(Vitaceae)

Kobas

Ein typischer Baum der Wüstenregion, insbesondere der Namibwüste, wo er an Felsstandorten anzutreffen ist. Der sukkulente Stamm ist weich und sehr saftig bzw. wasserhaltig und erreicht Höhen bis zu 7 m. Die Rinde ist gelblich bis bräunlich, schält sich papierförmig. Die hellgrünen Blätter sind 3-fingerig und werden bis zu 30 cm lang. Die einzelnen »Blätterfinger« sind breit-elliptisch und haben einen gezahnten Rand. Die kleinen gelbgrünen Blüten sind unscheinbar und stehen in sogenannten Trugdolden, die einen Durchmesser bis 20 cm aufweisen können. Blütezeit ist von September bis November. Die traubenähnlichen Früchte werden im Reifezustand rot und sind durch ihren hohen Oxalsäuregehalt sehr giftig.

EUCALYPTUS
delegatensis
(Myrtaceae)

Eukalyptus

Eine der 500 aus Australien stammenden Arten, die für die Wiederaufforstung von ariden Gebieten Afrikas bereits einen beachtlichen Platz einge-
nommen hat. Alle Teile des Baumes sind aromatisch. Der gerade Stamm
erstreckt sich bis zu Höhen von 55-60m. Der untere Stammteil hat eine
rauhfaserige Rinde, während der obere Teil eine glatte sich in weißlichen
bis graublauen Rindenstreifen, die sich ablösen, auszeichnet. Junge Triebe sind rot, allerdings ist dieses Merkmal bei vielen Akazienarten anzutreffen. Die wechselständigen Blätter haben eine breit-lanzettliche Form
und werden bis zu 15 cm lang und etwa 4 cm breit. Die weißen Blüten stehen in Dolden von ca. 15 keulenförmigen Blütenkelchen. Die typische Eu-
calyptusfrucht stellt einen 1 cm langen, birnenförmigen Becher dar.

Helichrysum paniculatum
(Compositae)

*Immortelle
Strohblume*

Aus der über 500 Arten umfassenden Gattung der Korbblütler sind vor allem in Südafrika viele Arten vertreten. Die hier gezeigte Art weist zu einer endständigen Dolde zusammengefaßte Blüten mit gelbem »Korb« auf, die auf einem samtartig silbrig behaarten Stengel von durchschnittlich 50-70 cm Höhe sitzen. Die wechselständigen lanzettartigen Blätter sind ebenfalls dicht behaart und samtartig silbrig glänzend. Die vorliegende Aufnahme wurde auf einer Höhe von 3.600 m am Mt. Kenia gemacht. Blütezeit ist von September bis Oktober.

PYRETHRUM
roseum
syn. P.
coccineum
(Compositae)

Pyrethrum

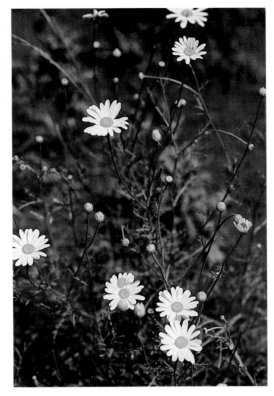

Die Blüten dieser Gattung liefern ein hochwirksames Kontaktinsektizid, so daß es in Ost- und Südafrika zu einem plantagenmäßigen Anbau dieser Pflanzen kommt, der von Jahr zu Jahr mehr Devisen abwirft. Da Pyrethrum als Insektizid für Mensch und Tier — ausgenommen die Insekten — absolut unschädlich ist — was man von den chemischen Insektiziden nicht immer sagen kann — steigt insbesondere im Hinblick auf die verstärkten Anstrengungen im Umweltschutzbereich, die Nachfrage rapid an. Blätter und Stengel enthalten starke Aromastoffe und ätherische Öle.

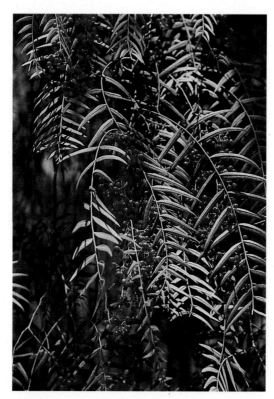

SCHINUS molle
(Anacardiaceae)

Pfefferbaum

Dieser aus Süd- und Mittelamerika — vor allem Peru — stammende Baum zählt zur 30 Arten umfassenden Gattung Schinus und die abgebildete Art hat sich in ganz Afrika bis zum Mittelmeerraum eingebürgert. Die rundkronigen immergrünen Bäume mit ihren überhängenden Ästen und Zweigen und den gefiederten Blättern ist in fast allen Anlagen, Gärten und Parks anzutreffen. Die langen Blütenrispen weisen weiße Sternchen auf, die zu feuerroten Steinfrüchten reifen, welche einen pfefferartigen Geschmack haben, aber nicht als Gewürz verwendbar sind. Wenn man ein Fiederblättchen zwischen den Fingern verreibt, so strömt ein starker, langanhaltender Pfeffergeruch aus. Blütezeit ist vorwiegend von März bis Ende April. Die bis zu 15 m hoch werdenden Bäume sind leicht kultivierbar und vermehren sich fast unkrautartig.

SPARRMANNIA
africana
(Tiliaceae)

Kap-Stockrose

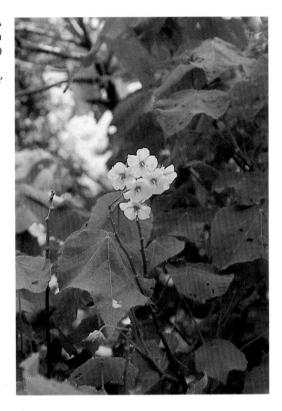

Bei uns als »Zimmerlinde« bekannt und weit verbreitet. In Südafrika beheimatet, kommt die genannte Art von Äthiopien bis Ost- und Westafrika
als Busch oder als schlanker Baum mit Höhen bis zu 7-8 m vor. Sowohl
die hellgrünen dichtbehaarten großen Blätter, als auch die endständigen
Blüten-Scheindolden haben dieses Gewächs so weltweit als Zimmerpflanze beliebt gemacht. Die etwa 3,5 cm großen weißen Blüten haben im Zentrum der Staubblätter einen goldgelben Fleck und purpurfarbene Tüpfel-
chen. Blütezeit ist vorwiegend zwischen Juni und November.

STRELITZIA nicolai   *Natal-Strelitzia*
(Strelitziaceae)   *Wild-Strelitzia*

Abgesehen von der farbenprächtigen »St.reginae« sind die übrigen drei
Arten dieser Gattung, die alle in Südafrika beheimatet sind, voneinander
nur schwer zu unterscheiden, denn lediglich die Blüten und der natürliche
geographische Standort setzen diese Unterschiede. Die hier gezeigte 8-
10 m hoch werdende Art trifft man in den Wäldern an der südafrikanischen Küste des indischen Ozeans. Die bananenstaudenähnlichen Blätter
werden bis zu 2 m lang und erhalten durch den Wind Einrisse, die langen
dicken Stiele sind gezahnt.

Die Stielansätze greifen übereinander und bilden am Stamm Narben. Die Blüte ist in ihrer Struktur außerordentlich mannigfaltig und originell. Sie setzt sich eigentlich aus 4 bis 5 Einzelblüten bzw. Einzelblütenscheiden zusammen, d.h. aus rötlichbraunen bis schwärzlichen, holzartigen und bootförmigen Blütenscheiden, die sich untereinander jeweils in einem rechten Winkel versetzt an einem Stiel übereinanderreihen, stellen sich die weißen Blütenblätter auf. Bei der »St.alba« aus dem Kapland wird die gleiche Blüte, jedoch einzelständig gebildet. Bei der »St.caudata« aus Transvaal sind die Petalen blau bis malvenfarbig. Blütezeit ist fast das ganze Jahr über, insbesondere aber zwischen Juli und Dezember.

Die vorgenannten Strelitzia-Arten werden vom Laien auch gerne mit der »Ravenala madagascariensis« — dem sogenannten »Baum des Reisenden« — verwechselt. Dieser ist aber in Blatt- und Stammwuchs, den Blattüberlappungen und der Blattausbildung auffallend geometrischer und exakter ausgebildet als die Streliciaceaen.

TECTONA grandis
(Verbenaceae)

*Teakholzbaum
indische Eiche*

Dieser aus dem ostasiatischen Raum stammende, bis zu 60 m hoch werdende Baum hat sich in den Wäldern Ost- und Westafrikas angesiedelt
und wird wegen seines vielbegehrten Holzes plantagenmäßig und zur Auf-
forstung angebaut, beispielsweise in Togo, Nigeria und Kamerun. Aus
dem Stamm eines gefällten Baumes entwickeln sich neue Stämme, die allerdings dann nicht mehr den Umfang des ursprünglichen Stammes be-
kommen. Das Holz ist hart und schwer und enthält in frischem Zustand
ein Öl, das als sogenanntes »Leinöl« verwendet wird.

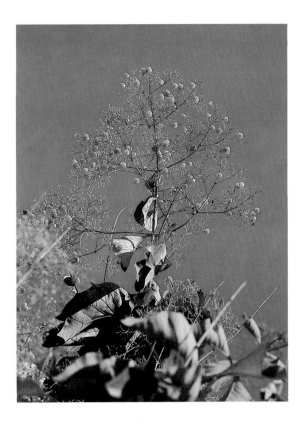

Die Blätter erreichen Längen bis zu 50 cm, sind eiförmig und an der Unterseite weißlich behaart. Die weißen Blüten — manchmal sind sie auch bläulich — stehen in endständigen großen Rispen und bilden kugelige, vom aufgeblasenen Kelch umhüllte Früchte heran. Blütezeit ist von Juni bis September und die Blütenform ähnelt derjenigen unserer Roßkastanie. Blüten, Blätter und Rinde werden in der Pharmazie verwendet. Die Blätter enthalten einen purpurroten Saft, der zum Färben von Seide, Baumwolle etc. hergenommen wird.

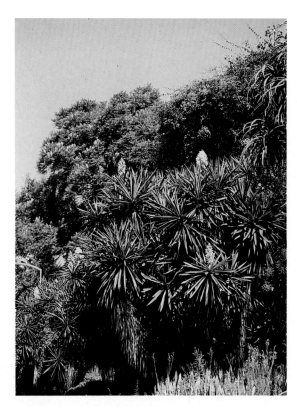

YUCCA
elephantipes
syn. Y.
guatemalensis
(Liliaceae)

Baumyucca
Palmlilienbaum

In fast ganz Afrika haben sich die zur Gattung der Agavengewächse mit vielen Arten und Hybriden zählenden YUCCAS angesiedelt. Die Unterscheidung aufgrund der vielen Zwischenformen ist oft kaum möglich. Die hier gezeigte Art jedoch ist unverwechselbar. Der vielstämmige Baum wird bis zu 10 m hoch und hat als Charakteristikum Basisschwellungen an den Stämmen. Die länglich lanzettlichen Blätter — 80-120 cm lang — sind an den Rändern schwach gezähnt und von dunkler blaugrüner Farbe. Die elfenbeinfarbenen 6-8 cm langen Blütenglocken hängen zu einer bis 80 cm hohen vielblütigen, endständigen Rispe. Die Krone der Einzelblüte ist breit und glockig, alle Blütenteile sind sechszählig.

ZANTEDESCHIA
aethiopica
(Araceae)

Weiße Arumlilie
Zimmercalla

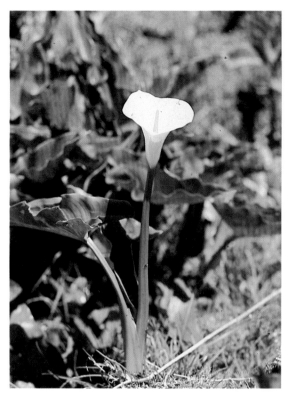

Die auch bei uns sehr bekannte Pflanze, die fälschlicherweise »Zimmercalla« genannt wird, stammt aus Südafrika und ist dort in allen Gebieten,
die nicht zu trocken sind, weit verbreitet. Der Autor fand aber auch wild-
stehende Exemplare auf über 3000 m im Aberdeergebirge und am
Mt. Kenia. Die langgestielten Blätter weisen herzförmige Spreiten auf.
Der Blütenschaft von nahezu 1 m Höhe trägt einen gelben Kolben, der
von einem weißen Scheidenblatt ummantelt ist. Der unterirdisch liegende
knollenähnliche Stamm ist giftig.

Inhaltsverzeichnis der blaublühenden Pflanzen:

CALODENDRUM
capense
(Rutaceae)

Kap-Kastanie

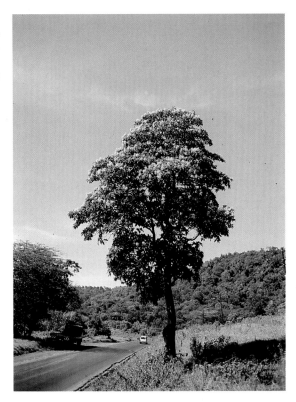

Der zwischen 8 und 20 m hoch werdende immergrüne Baum ist in Ost-
und Südafrika weit verbreitet und auch noch in Höhen um 2000 m anzutreffen. Die Rinde ist glatt und grau, die gegenständigen Blätter sind dunkelgrün und relativ groß, von elliptischer Form. Die Längen schwanken
zwischen 15 und 20 cm, die Breiten zwischen 5 und 8 cm. Die jungen Triebe sind behaart. Die zu einer endständigen Rispe ausgebildeten 5-zähligen
Blüten sind lila mit roter oder purpurfarbener Zeichnung.

Blütezeit ist von Oktober bis Dezember. Die mit 3,5 cm relativ große
Frucht stellt eine 5-klappige braune Kapsel dar, deren Außenseite sog.
Warzen aufweist und schwarze, haselnußgroße Samen umschließt. Das
Holz ist hart, aber generell sehr nützlich. Der Baum läßt sich gut kultivie-
ren und wird in vielen Gärten und Anlagen gepflanzt.

CHORISIA ventricosa   *Wollbaum*
(Bombaceae)   *Florettseidenbaum*

Ein aus dem tropischen Amerika stammender Baum, der aber sowohl in Ost- und Westafrika als auch im Süden Afrikas häufig anzutreffen ist, vor allem als Anlagen- und Alleebaum. Das Charakteristikum dieser Gattung sind die dicht mit Stacheln übersäten Stämme mit ihrer auffallend grünen Rinde. Die handförmigen Blätter setzen sich aus 5-7 ganzrandigen, lanzettlichen Einzelblätter zusammen.

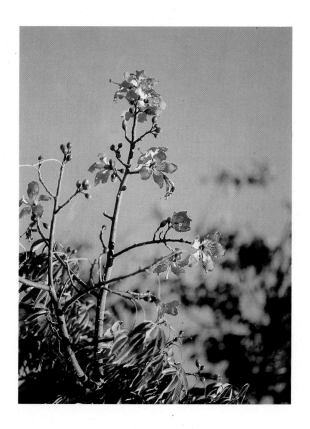

Die endständigen, bis 15 cm im Durchmesser großen Blüten weisen 5 Blütenblätter aus einem becherförmigen Kelch auf, die rosa bis lila gefärbt sind und im Zentrum in 2 Röhren zusammengewachsene Staubblätter aufweisen. Die Antheren sind weiß. Die Frucht ist birnenförmig und umschließt dichtbehaarte Samenkerne.

CLERODENDRUM
ugandense
(Verbenaceae)

Schmetterlingsbusch,
blauer Katzenbart

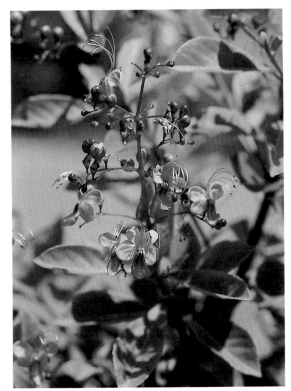

Diese sehr leicht mit »C. myricoides« verwechselbare Art ist im Süden und Osten Afrikas weit verbreitet, hauptsächlich in Buschform auf felsigem Untergrund und gerne in Gemeinschaft mit Termitenhügeln. Die Rinde der Stämme ist grau, die gegenständigen Blätter sind hellgrün, oval und etwa 10 × 3 cm in Länge und Breite, beide Seiten gelegentlich auch behaart. Der kurze Blattstiel und die jungen Triebe sind ebenfalls behaart. Die attraktiven blauen Blüten sind manchmal purpurfarbig. Die vierlappige Frucht wird rot und ist im vollreifen Zustand schwarz. Sie ist eßbar. Blütezeit ist von Oktober bis Januar. Die zerriebenen Blätter geben einen unangenehmen Geruch ab. Aus der Astrinde wird ein Mittel gegen Fieber und Diarrhoe hergestellt.

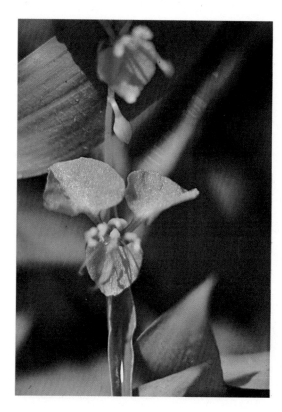

COMMELINA
benghalensis
(Commelinaceae)

Tagblume

Eine in Asien und Afrika weit verbreitete Art der Commelinengewächse, die nur in den tropischen oder subtropischen Ländern vorkommen. Bevorzugt sind die Sandstrände des indischen Ozeans. Die oben genannte Art hat auffällig schöne himmelblaue Blüten, die sich abends schließen. Von den 3 Blütenblättern sind die beiden oberen größer als das untere dritte Blatt. Aber das sind nicht die einzigen Blüten, die die Pflanze hat, denn sie besitzt unterirdisch noch Stände mit geschlossenen Blüten, die durch Eigenbefruchtung Erdfrüchte bilden. Die Zulus verwenden diese Art für medizinische Zwecke und verschiedene andere afrikanische Eingeborene verwenden die Erdfrüchte als Nahrungsmittel.

GREWIA similis *Purpurrosine,*
(Tiliaceae)   *Purpurgrewia*

Von den Blüten und den Blättern her eine ausgesprochen schöne Gattung tropischer Büsche und Bäume, die in einer Vielzahl von rund 160 Arten in allen Tropengebieten Afrikas vorkommt, vor allem im Süden. Die jungen Zweige und die Blütenkelche sind borstenartig behaart. Bei verschiedenen Arten sind es auch die Blätter. Letztere sind tief dunkelgrün mit auffallend ausgebildeten und gelb gefärbten Nervensträngen. Die achsel- und endständig angeordneten Blüten — meistens zwischen drei und acht Stück — zeigen die für die Gattung typische Form von dicken Kelchblättern, die größer sind als die Blütenblätter und ein haariges Anhängsel an der Basis. Eine Vielzahl von Staubblättern sind im Zentrum der Blüte zu einem Pinsel geformt. Alle Blütenteile sind fünfzählig und bei der hier gezeigten Art dunkel malvenfarbig bis purpurrot. Die vierlappigen Früchte werden tiefrot bis orange, wenn sie reif sind. Sie sind eßbar.

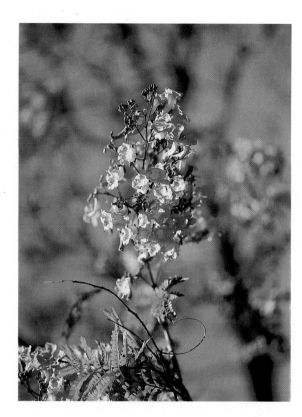

**JACARANDA
acutifolia**
(Bignoniaceae)

*Jacaranda,
Palisander*

Zur sogenannten »Jacaranda-Familie« zählen so attraktive Gattungen wie die »Kigelia-, Tecomaria-, MARKHAMIA- und Rhigozum-Arten«. Die auffallendste Gattung aber ist die etwa 50 Arten umfassende, namengebende Gattung »Jacaranda« aus Brasilien selbst. Die oben genannte Art und die »J. mimosifolia« sowie »J. ovalifolia« sind in Afrika am häufigsten vertreten. Allein in Pretoria, die den Namen »Jacarandastadt« trägt, sind über 60.000 Bäume dieser Arten als Allee- und Parkbestand angepflanzt. In vielen Büchern wird dieser Gattung der Volksname — wie oben angeführt — »Palisander« gegeben. Dies ist falsch. Der Palisanderbaum ist die »Dalbergia nigra«, die wiederum im Holzhandel mit »Jacaranda« bezeichnet wird. Die genannten Jacaranda-Arten sind laubabwerfend, besitzen doppeltgefiederte hellgrüne, fast farnartige Blätter. Die trompetenförmigen, bis 5 cm langen, Blütenkegel stehen in 30 cm langen Rispen. Die flache Fruchtkapsel enthält zahlreiche Samen. Das Holz ist dunkelpurpur und wohlriechend. Blütezeit ist von April bis Juni und im Herbst gibt es häufig eine zweite Blüte.

LEUCADENDRON
argenteum
syn. **Protea argentea**
(Proteaceae)

Silberprotea
Silberbaum

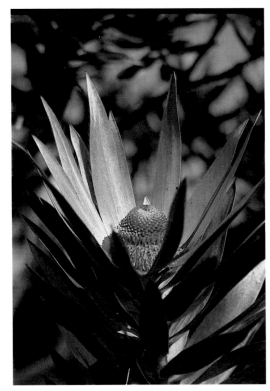

Aus der 70 Arten umfassenden Gattung zählt die hier gezeigte Art zu den interessantesten. Der ganze »immergrüne«, dicht mit 15-20 cm langen, lanzettlichen Blättern besetzte Baum glänzt von weitem schon blausilbrig, wie das obige Bild zeigt. Auch die glatte Rinde ist grausilbrig. Der endständige, gut 4-5 cm im Durchmesser aufweisende Blütenkopf ist männlich. Jeder Baum ist entweder männlich oder weiblich, d.h. er trägt entweder die oben gezeigte Blüte oder den umseitig dargestellten konusartigen weiblichen Blütenfruchtkopf, in dem sich mit Federn besetzte Samenkerne (4-5 mm groß) entwickeln.

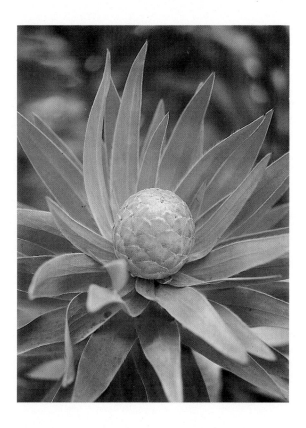

Jeder Samenkern ist mit vier Federn, die die Flugschirme bilden, ausgestattet. Die Blätter weisen oft richtige »Bilder« auf und werden dann als Kuriosität verkauft, als Buchzeichen etc. Das Holz ist sehr weich und wird in der Industrie kaum verwendet. Der Samen hat eine relativ hohe Keimquote, so daß die Anzucht an sich keine Probleme aufwerfen würde. Trotzdem gedeiht diese Art nur sehr bedingt außerhalb Südafrikas, da die Jungpflanzen schwer versetzbar sind und sehr leicht faulen.

LOBELIA
keniensis
(Campanulaceae)

Riesenlobelie

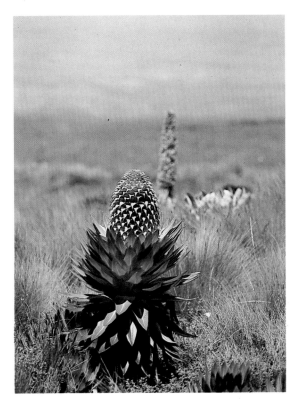

Eine der in afrikanischen Hochlagen von 3300-4300 m vorkommende Art der Riesenlobelien, die bis zu 8 m hoch werden. Die hier gezeigte Art benötigt etwa 15 bis 18 Jahre ehe sie einen Blütenstand bildet, der bis zu 2 m hoch wird. Die eigentlichen Blüten sind dunkelblau, zweiseitig-symmetrisch und als Kronröhre mit zweilippigem Saum ausgebildet. Die Staubblätter sind zu einer Röhre verwachsen. Die Blüte liegt verdeckt an der Basis der Blattansätze. Die nach Art eines Regendaches nach unten gebogenen Blattenden schützen so die Blüte vor Regen und Schnee.

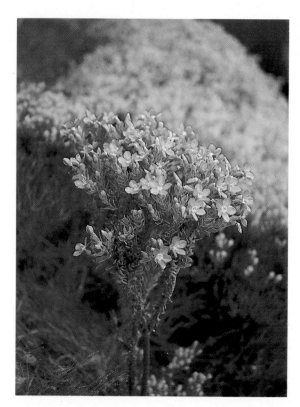

ORPHIUM
frutescens
(Gentianaceae)

Kap-Enzian

Diese in der Capensis — insbesondere auf der Caphalbinsel — zahlreich vorkommende Gentianagattung wird zwischen 30 und 50 cm hoch, ist buschig und trägt auf den kleinen, mit vielen ovalen Blättchen dicht besetzten Ästchen die lila bis rosafarbenen, etwa 1,5 cm großen Blüten. Das Zentrum der krugförmigen Blütenkrone weist gelbe Staubblätter auf. Der Fruchtknoten ist unterständig. Blütezeit ist von November bis Januar.

PETREA volubilis
(Verbenaceae)

Purpurgirlande

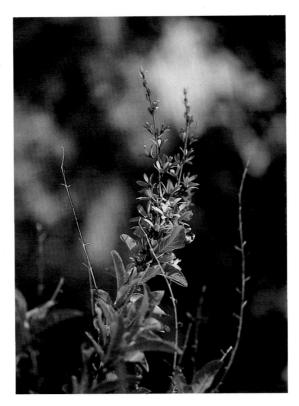

Ein aus dem tropischen Amerika stammendes Schlinggewächs, das durch seine blauvioletten Blütenrispen auffällt. Die interessante Einzelblüte ist in allen Teilen fünfzählig. Die eigentlichen Blütenblätter bilden einen dunkelblauen bis blaupurpurfarbenen Stern mit innenliegendem fünfzackigen weißen Staubblattstern. Diese so gestaltete Blüte ist im Zentrum der helleren blauvioletten Kelchblätter angeordnet, die gut 3 mal so groß sind als die Blütenblätter, welche relativ sehr kurzlebig sind, da sie sofort nach der Befruchtung aus dem langlebigen Stern der Kelch- bzw. Kronblätter fällt.

PLUMBAGO capensis   *Bleiwurz*
(Plumbaginaceae)

Dieser in Südafrika beheimatete Halbstrauch ist eine der 20 in den Tropen vorkommenden Arten dieser Gattung. Der hellblaue Blütenreichtum hat diese Art als Zierstrauch weit verbreiten lassen. Die fünfzählige lange Blütenröhre hat etwas Ähnlichkeit mit derjenigen unseres Gartenphloxes. Der Name Bleiwurz liegt in der Tatsache begründet, daß der Wurzelsaft die Haut blaugrau färbt. Die Verbreitung der Früchte ist klettenartig, da auf den Kelchblättern hakenförmige Haare stehen, die sich beim Vorbeistreifen festklammern.

Inhaltsverzeichnis weiterer Bäume und Nutzpflanzen:

ALOE dichotoma   *Kokkerbaum*
(Liliceae)   *Köcherbaum*

Diese baumartige Aloe-Art erreicht Höhen bis 6 m und Stammdurchmesser von etwa 1 m. Sie gedeiht in den ariden Gebieten Südwestafrikas, insbesondere an den Flanken steiniger Hügel. Die perlgraue Rinde ist glatt und löst sich in papierdünnen Platten. Die bläulichgrünen fleischigen Blätter werden über 35 cm lang und färben sich im Alter gelblich-braun. Die etwa 30 cm lange Blütenrispe ist kanariengelb und blüht zwischen Juni und Juli. Die Buschmänner fertigen aus dem sehr weichen Holz der Äste ihre Pfeilköcher, daher auch die Volksnamen. Im übrigen steht der Kokkerbaum in Südafrika unter Naturschutz. Die Blüten sind bei den Nektarvögeln äußerst beliebt. Im Vordergrund des obigen Bildes ist ein schönes Exemplar der »Aloe ferox«.

ANACARDIUM occidentale *Cashew-Nuß, Indische Mandel,*
(Anacardiaceae) *Nierenbaum*

Dieser im Osten und Süden Afrikas aus dem tropischen Amerika — insbesondere aus dem Amazonasgebiet — eingebürgerte Baum wird bis zu
10 m hoch. In Mozambique und auch in Kenia wird der Baum kultiviert
und in Plantagen gepflanzt. Die unscheinbaren weißlichen Blüten stehen
in endständigen Rispen. Praktisch erwachsen aus jeder befruchteten Blüte
zwei Früchte, denn der sich zu einem Apfel auswachsende Stiel ist ebenfalls eßbar wie die an ihm hängende nierenförmige Nuß — die sog.
Cashew-Nuß. Letztere ist allerdings erst nach einem Röstvorgang eßbar, denn das in rohem Zustand vorherrschende Öl der Frucht ist sehr
scharf und beizend. Aus der Samenkapsel bzw. der Kernschale wird das
giftige »Kardol-Öl« für die Pharmazie, aber auch für die Herstellung von
Holzimprägnierungsmittel gewonnen. Die apfelähnliche Scheinfrucht ist
dagegen sehr aromatisch, etwas süßsauer und sowohl roh, als auch als
Kompott oder Marmelade sehr gut und vitaminreich, außerdem noch sehr
wohlriechend.

ARACHIS
hypogaea
(Leguminosae)

Erdnuß

Das ursprünglich aus Bolivien stammende Gewächs gelangte schon im Mittelalter durch die Portugiesen nach Afrika, wo es heute in fast allen Ländern angebaut wird und in seiner Bedeutung für die Welternährung immer mehr Bedeutung erlangt. Die Erdnuß hat ungefähr 30 % Eiweiß, 45 % Fett, 20 % Kohlehydrate, Minerale (insbesondere Calcium) und Zellulose sowie 5 % Wasser. Tafelöl und Margarine werden bevorzugt aus den Nüssen gewonnen. Die Pflanze hat die typische Gestalt der Schmetterlingsblütler mit gefiederten Blättern und achselständigen weiß-gelblichen Blüten. Es sind etwa 30 Arten bekannt, die alle ihre Früchte im Erdboden ausreifen lassen (Geokarpie). Nach der Befruchtung wächst das sog. Gynophor relativ schnell dem Erdboden zu und pflanzt den Fruchtknoten bis in Tiefen von 7 cm, wo die Frucht ausreift. Die Rückstände beim Ölpressen ergeben ein ausgezeichnetes Kraftfutter für das Vieh.

ARTOCARPUS altilis, *Brotfruchtbaum*
syn. A. incisa
(Moraceae)

Diese zu den Maulbeergewächsen zählende Gattung stammt aus dem Südsee-Inselgebiet und ist heute kultiviert als wichtiger Nahrungsträger in allen tropischen Ländern heimisch geworden. Das Charakteristikum dieser getrennt geschlechtlich blühenden Art sind die bis zu 2,5 kg schweren warzigen Früchte und die großen eingeschnittenen Blätter mit den stark hervortretenden Nervensträngen. Die Blattoberseite ist dunkelgrün, die Unterseite hellgrün. Die sehr vitaminreiche Frucht ist auch reich an Kohlehydraten, Stärke und Zucker. Die vom Fruchtfleisch umsäumten kastanienähnlichen Samenkerne sind ebenfalls eßbar und werden gerne geröstet zu Mehl verarbeitet, wie übrigens die ganze getrocknete Frucht auch. Die Art »A. heterophyllus«, deren Blätter einteilig und wesentlich kleiner sind, bringt bis zu 12 kg schwere und 60 cm lange, flaschenähnliche, sehr saftige und süße Früchte hervor, die sog. »Jackfrucht«, die allerdings für uns Europäer einen unangenehmen Geruch verbreitet und vor dem Verzehr erst in Salzwasser gelegt und dann gekocht werden muß. Die Blüten sitzen am Stamm, die Art ist also »kauliflor«.

BORASSUS
aethiopum,
syn. B. flabelliformis

Weinpalme
Delebpalme
Palmyrapalme

Diese in Afrika weitverbreitete Fächerpalmengattung (Borassaceae) mit nur einer Art, zählt bei den Eingeborenen zu den wertvollsten Bäumen überhaupt, man sagt, daß diese Palme nicht weniger als 800-fachen Nutzen bringt. Der Baum wird 20-30 m hoch und seine Blattfächer erreichen Längen bis zu 4 m. Es gibt nur eingeschlechtliche Bäume, d.h. jeder Stamm trägt nur männliche oder weibliche Blüten, die auf einem dicken Stiel zu Köpfen mit Längen von 2-3 m zusammengefaßt sind. Diese Art wird häufig mit der Fächerpalme »Hyphaene natalensis« oder »H. ventricosa« verwechselt. Es gibt zwei Unterschiedsmerkmale: — die hier beschriebene Art weist am Mittelstamm eine Verdickung auf und die 15-18 cm großen, im reifen Zustand orange-braunen Früchte enthalten 3 Kerne, während die anderen nur einen besitzen. Der Wein oder Arrak

wird nur aus den männlichen Blüten bzw. Exemplaren durch Anschneiden des Blütenkolbens gewonnen. Aus dem weiblichen Blütenstand wird
der sog. »Lontar-Zucker« gewonnen. Das die Samenkerne umhüllende
Fruchtfleisch ist sehr saftig, süß und gut eßbar. Das harte ebenholzschwarze Holz ist sehr wertvoll und begehrt. Die getrockneten Blätter dienen zur Fertigung von Zäunen und Korbwaren. Aus den jungen Blättern
werden die sog. »Palmyrabücher« hergestellt, d.h. die zugeschnittenen,
getrockneten und beschrifteten Blätter werden links und rechts auf
Schnüre aufgezogen, oben und unten dann mit einem bemalten Holzdeckel versehen. Dies ist nur eine kleine Auslese aus den zugeschriebenen
800 Nutzanwendungen dieser Palme.

CARICA papaya   *Melonenbaum*
(Caricaceae)

Ein aus Mexiko eingebürgerter und weit verbreiteter »Baum«, der bis zu
6 m hoch wird und botanisch aber zu den Kräutern gerechnet wird. Es
gibt 21 Arten dieser Gattung. Der gemusterte Stamm, die gezackten lang-
stieligen großen Blätter und nicht zuletzt die süße, saftige Frucht haben
diese Gattung zu den wertvollsten und auch schönsten Tropenpflanzen
gemacht.
Nur die weiblichen Pflanzen tragen Früchte aus den am Stamm wachsenden Blüten, wo sie sich zu länglichen dunkelgrünen, häufig auch gelben
»Melonen« mit dunkelorangerotem Fruchtfleisch auswachsen.

Schneidet man den Stamm der Pflanze leicht an, so träufelt ein milchiger Saft heraus, der in der Pharmazie wegen seines Papaîn-Gehaltes begehrt ist. Der Saft eignet sich hervorragend zum Beizen von Fleisch, das dadurch nicht nur sehr saftig und schmackhaft wird, sondern vor allem sehr zart und weich.

COCOS nucifera   *Kokosnußpalme*
(Cocos)

Schenkt die Borassuspalme dem Menschen 800-fachen Nutzen, so wird sie durch die Kokospalme noch übertroffen, die nicht weniger als 1000-fachen Nutzen gewährt und in der Tat ein Geschenk des Himmels an die Ärmsten der Armen ist. Man sagt, von 6 Kokospalmen kann eine fünfköpfige Familie leben, ohne daß sie einen Mangel hat. Jeder Bestandteil von Baum und Frucht ist verwertbar. Die Kokospalme blüht das ganze Jahr über und schenkt dementsprechend auch ununterbrochen ihre Früchte, die zu den Steinfrüchten gezählt werden und aufgrund ihres Kokosfasermantels lange Zeit im Meerwasser schwimmen können. Daher ist diese Gattung durch die Meeresströmungen an allen tropischen Küsten verbreitet. Es gibt nur einen einzigen Ort im Landesinnneren, wo sie sich in größerer Anzahl angesiedelt haben, nämlich in einem Landstrich von Äquatoria im Sudan. Die Kokospalme wird rund 20 m hoch, die Fieder-

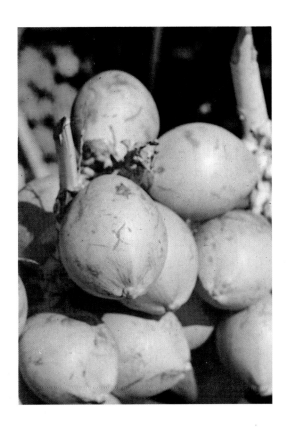

blätter erreichen Längen bis zu 6 m. Der Samen keimt erst nach einem halben Jahr, wenn er festen Boden gefunden hat und nach 5 Jahren trägt er bereits die ersten Früchte, die sich dann anzahlmäßig bis zum 20. Jahr steigern und dann bis zu 80 Jahre lang beibehalten werden. Die Fiederblätter trocknen nach etwa 3 Jahren ein und fallen dann ab. Das relativ dünne, weiße Fruchtfleisch wird getrocknet, zu »Kopra« verarbeitet und bildet für mehr als 1 Milliarde Menschen das Grundnahrungsmittel. Die sog. Kokosmilch ist ein süßer, vitamin- und mineralreicher Saft, der zusammen mit dem Fruchtfleisch ausreicht, um einen Menschen ohne wesentliche Mangelerscheinungen leben zu lassen. Die Frucht enthält sowohl Rohprotein, als auch Fett, gut verdauliche Kohlehydrate, Vitamine und Minerale. Das Kokosschrot ist ein hochwertiges Viehfutter. Der Baumstamm gibt das bekannte »Porcupine-Holz«. Aus den Blütenständen bzw. deren Knospenspitzen wird ein sehr Vitamin-B-reiches Getränk bereitet, das vergoren eine Art Arrak abgibt.

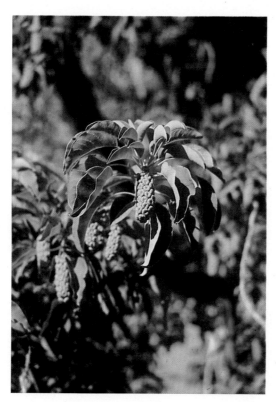

COLA
acuminata
(Sterculiaceae)

Kolabaum

Rund 100 Arten von Colabäumen aus dem tropischen Afrika sind bekannt. Neben »C. nitida« und »C. vera« ist die oben genannte Art die bekannteste, deren Nüsse insbesondere in Westafrika als Anregungsmittel, das gleichzeitig auch durststillend ist, gekaut werden. Die rotbraunen, etwas lederartigen Samenkerne oder Nüsse haben einen bitteren Geschmack, regen jedoch Körper und Geist an, üben auf den Magen eine sehr beruhigende Wirkung aus — eine Feststellung, die der Autor selbst erfahren hat. Die relativ hohen Alkaloidengehalte von Coffein und Theobronin machen die Nüsse für die Pharmazie so wertvoll. Die Colabäume werden zwischen 15 und 20 m hoch, die Blätter sind ganzrandig, eirund bis lanzettlich. Die kronblattlosen Blüten sind weißlich und unscheinbar. Die männlichen Blüten weisen zu einer Röhre zusammengewachsene Staubblätter auf.

CUSSONIA
sphaerocephala
(Araliaceae)

Waldkohlbaum

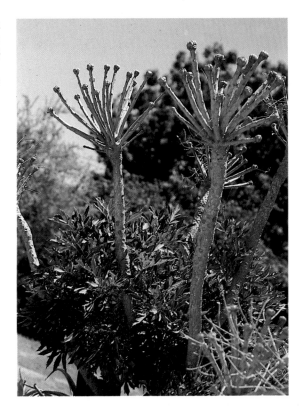

Die »Kohl- oder Wurmrindenbäume« sind in Afrika, besonders im Süden, weit verbreitet. Die hier gezeigte Art wird bis zu 25 m hoch, hat eine graurötliche Rinde, die bei jungen Bäumen glatt, bei älteren aber gefasert und korkähnlich ist. Die schönen geometrischen, dreieckigen, stark gelappten bis gezackten Blätter erreichen bis zum langen Stiel Größen von fast einem Meter. Die Fiederblättchen können schon bis zu 40 cm lang werden. Die unscheinbaren cremefarbenen bis grünlichen Blüten sind in Ähren zusammengefaßt und bilden sich nach der Befruchtung zu flaschenähnlichen Früchten aus. Blütezeit ist von Februar bis April. Die gezeigte Art ist leicht mit der »C. spicata« verwechselbar.

CYCAS thouarsi
(Cycadaceae)

Palmfarn
Afrikanische Cycas

Diese in Afrika einzige Cycas-Art — von Madagascar abgesehen — erreicht Höhen bis zu 10 m, wenn sie humusreichen Boden bei hohen Lufttemperaturen vorfindet. Das Verbreitungsgebiet bleibt auf die afrikanische Ostküste bis zum Zambesidelta beschränkt. Weiter südlich ist dieser Palmfarn nicht mehr freilebend anzutreffen. Die gefiederten Blätter werden bis zu 3 m lang und ein Einzelblatt weist Maße von 35 × 1,5 cm auf, wobei die Mittelrippe auffallend gelb und die Blattspitze wie ein Stachel so scharf ausgebildet ist. Männliche und weibliche Frucht- bzw. Blüten- und Samenzapfen sind auf getrennten Pflanzen. Die männlichen konischen Zapfen sind orangerot bis orangegelb und erreichen Ausmaße von 70 cm Länge und 25 cm Durchmesser. Die weiblichen Zapfen sind mit spiralförmig angeordneten Schuppen versehen, die mit grauen, welligen Haaren überdeckt sind. Die sphärischen Samen (7 × 5 cm) sind ziegelrot und entwickeln sich — im Gegensatz zu den Arten der Encephalartos — nur, wenn sie befruchtet sind.

CYPERUS
papyrus
(Cyperaceae)

Papyrus
Zyperngras

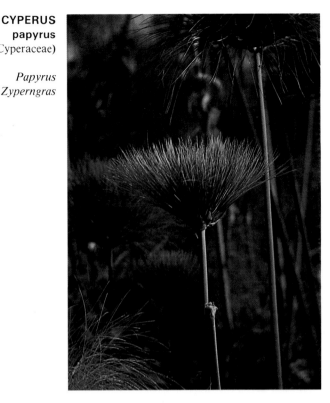

Dieses wohl bekannteste Gewächs aus der Familie der Riedgräser, die nicht weniger als 3800 Arten umfaßt, wovon allein 600 auf die Gattung Cyperus entfallen, ist im ganzen tropischen Gebiet von Afrika verbreitet. So ist beispielsweise der riesige Viktoria-See fast restlos von 3-5 m hohen Papyrusstauden, die auch schwimmende Inseln bilden, eingefaßt, so daß nur an ganz wenigen Stellen das Ufer sichtbar ist. Schon 2½ Tausend Jahre vor unserer Zeitrechnung wurde aus dem Mark dieser Art sogenanntes Papier hergestellt. Aufgrund seines enorm leichten Gewichts werden die Papyrusstengel auch zur Eindeckung von Häusern, zum Bootsbau etc. verwendet. Die Knollen der »C. esculentus« werden in Afrika aufgrund ihres hohen Zucker- und Ölgehaltes als Gemüse gegessen. Die bei uns als Zimmerpflanze eingebürgerte »C. alternifolius« stammt ebenfalls aus Afrika bzw. aus Madagascar.

DRACAENA
draco
(Agavaceae)

Drachenbaum
Drachenblutbaum

Von dieser Gattung sind in Afrika etwa 80 Arten heimisch, wovon die hier gezeigte Art die bekannteste ist, die auch in allen botanischen Gärten gezogen wird. Der älteste Baum, der 1868 durch ein Versehen eingegangen ist, stand im Ort Orotava auf Teneriffa und wurde auf ein Alter von fast 6000 Jahren geschätzt. Er war über 23 m hoch und hatte einen Stammumfang von 14 m.

Die büschelartig auf jedem Ast angeordneten blaugrünen Blätter werden bis zu 65 cm lang und die relativ unscheinbaren weißlichen Blüten sitzen dichtgedrängt auf einer gut 50 cm langen Rispe. Aus dem angeritzten Stamm fließt das sogenannte tiefrote »Drachenblut«, das sehr zähflüssig ist. Daher auch der Volksname. In mittelalterlichen Rezepten kam häufig »Drachenblut« vor. Das dort genannte »Heilmittel« stammte aber von der »D. cinnabari«, die auf der Insel Sokotra heimisch ist.

EUPHORBIA fortissima   *Sambesische Kandelaber-Euphorbie*
EUPHORBIA ingens   *Kandelabereuphorbie*
(Euphorbiaceae)

Die Gattung Euphorbia umfaßt mehr als 2000 Arten. Sie sind in Europa als Wolfsmilchgewächse bekannt. Allerdings nur in ein paar wenigen Arten. Die überwiegende Anzahl bildet Sträucher und Bäume in den Tropen. Alle Arten besitzen einen milchigen Saft (Latex), der in vielen Fällen giftig ist. Die eingeschlechtlichen Blüten sind meistens zu einem Blütenstand zusammengefaßt.

Die »E. fortissima« wird bis 5 m hoch und hat gelbe Blüten. Jeder Blatteinschnitt zeigt das Wachstum eines Jahres an. Die Stacheln sind verhärtete Blattspitzen bzw. -ansätze.

Die »E. ingens« wird bis zu 10 m hoch und ist im östlichen und südlichen Afrika weit verbreitet. Ihr Latexsaft ist insbesondere für die Augen gefährlich und kann zur Erblindung führen. Die Eingeborenen entwickeln aus ihm ein Fischgift, das die Tiere sofort lähmt.

FICUS polita syn. F. bizanae   *Wilde Gummifeige*
(Moraceae)

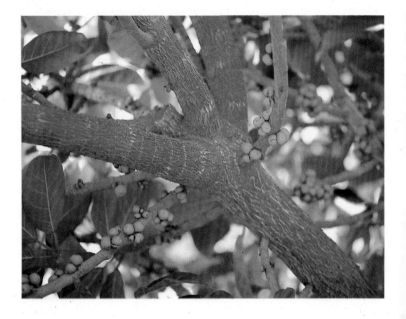

Diese Gattung der Maulbeergewächse umfaßt über 1000 Arten, die zum überwiegenden Teil in den Tropen anzutreffen sind. Die meisten Arten weisen 3 Blütensorten auf, nämlich weibliche, männliche und sog. Gallblüten, die den in Symbiose lebenden Feigengallwespen als Brutstätte dienen. Die Ficus-Arten bilden das ganze Jahr über reife Früchte. Die hier gezeigte Art unterscheidet sich von den anderen durch seine lichtbraune leicht gefleckte Rinde. Der Baum wird bis zu 16 m hoch, die breitovalen Blätter erreichen Ausmaße von 15 × 8 cm, sind dunkelgrün und haben starke Nervenstränge. Die am Altholz wachsenden Feigen weisen Durchmesser bis zu 3 cm auf. Sie schmecken bitter, sind aber an sich eßbar. Dies gilt übrigens für alle Ficus-Arten.

HYPHAENE coriacea   *Doumpalme*
(Arecaceae)

In Afrika sind außer der oben genannten Art noch die »H.thebaica« weit verbreitet und leicht miteinander zu verwechseln, da beide Äste bilden. Die unverzweigte Art ist die »H.parvula«. In Kenia z.B. kommt die »H.thebaica« nicht vor. Insgesamt gibt es jedoch 32 Arten dieser Gattung in Afrika. Die Blätterfächer werden zur Matten- und Dacheindeckungsherstellung verwendet. Die faustgroßen Früchte haben einen aromatischen Geruch, das Fruchtfleisch ist eßbar und hat einen leichten Ingwer-Geschmack. Der Samenkern und die hornige Schale werden für kunsthandwerkliche Arbeiten verwendet. Aus dem Pflanzensaft wird ein herber Palmwein gewonnen, der allerdings für Europäer nur schwer verträglich ist. Der gebrannte Wein ergibt einen sogenannten Arrak.

MANGIFERA indica   *Mangobaum*
(Anacardiaceae)

Neben der Banane dürfte die Mangofrucht wohl die verbreitetste und
wertvollste aller tropischen Früchte sein. Amerikanische Wissenschaftler
haben aus der Mangofrucht und deren Schale ein Extrakt gewonnen, das
beispielsweise bei Ratten deren Lebensdauer verdreifacht hat. Dieser aus
Asien durch die Portugiesen nach Afrika eingeführte und dort nun beheimatete und weitverbreitete 20 m hohe Baum kann zu den ältesten Obst-
bäumen in der Geschichte der Menschheit gezählt werden. Wenn es
stimmt, daß Ceylon das Paradies Eden gewesen sein soll, dann war mit Si-
cherheit der »verführerische Apfel« der Eva eine Mangofrucht.
Von Januar bis etwa März, aber auch nach der Regenzeit entwickeln sich
an den Zweigenden pyramidenförmige Blütenstände mit Hunderten von
gelblich-weißlichen Einzelblüten.

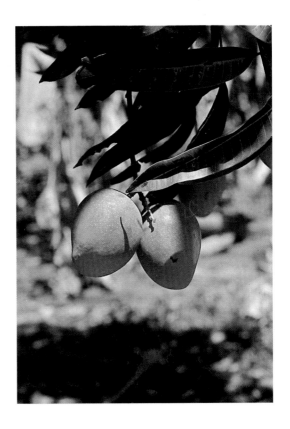

Nur ein Bruchteil davon reift zu Früchten, die sich an langen Stielen zu Handtellergröße entwickeln. In Togo, Kamerun, Kongo und auch in Kenia findet man viele Mangobäume im Tropenwald und die äußerst Vitamin-A- und -C-reichen Früchte sind willkommene durst- und hungerstillende Nahrung. Die wenigsten aber wissen, daß die Fruchtstiele ein über Jahre wirkendes Gift enthalten, d.h. der Saft ist giftig und strömt beim Pflücken leicht auf Schale und Hände und ruft so unerklärliche Krankheitserscheinungen hervor. Es ist daher ratsam, jede Frucht sorgsam und gut abzuwaschen. Der große ovalflache Kern enthält meistens zwei Samenkerne, die aber sehr selten keimen. Die Vermehrung erfolgt daher fast ausschließlich durch Stecklinge.

MORUS nigra   *Schwarze Maulbeere*
(Moraceae)

In die tropischen Gebiete Afrikas aus Asien eingewanderte Gattung, die vor allem in Mozambique und Südafrika auch des Holzes wegen angepflanzt wird. Zu den drei in Afrika vorherrschenden Arten zählt »M. alba«, und »M. mesozygia«. Die hier besprochene Art wird bis zu 10m hoch, ist rundkronig und hat eiförmige, bis zu 15 cm lange Blätter, deren Basis tief eingeschnitten und herzförmig ist. Die Ränder sind grob gezähnt, die Oberseite ist dunkelgrün, die Unterseite dagegen hellgrün und leicht behaart. Die Blüten sind geschlechtlich getrennt, können sogar von Baum zu Baum unterschiedlich sein. Alle Blütenteile sind vierzählig, die männlichen weißen Blüten stehen in einer Rispe, die weiblichen in achselständigen Köpfen auf 1,5-2cm langen Stielen. Die länglichen Früchte sind tiefrot und etwa 2cm lang. Sie sind würzig süßlich und eßbar, aber trotzdem nicht im Handel. Die Blätter dienen der Seidenraupenzucht.

MUSA paradisiaca syn. M. sapientum *Bananenbaum*
(Musaceae) *Paradiesfeige*

Es gibt etwa 60 Arten dieser Gattung. Die hier gezeigte liefert die Obst-
und Mehlbanane, wovon letztere in vielen Teilen Westafrikas zu den
Hauptnahrungsmitteln zählt. Die oft bis zu 8 m hohen Scheinstämme werden von den großen Blattscheiden gebildet, so daß die Banane eigentlich
zu den Kräutern zu zählen ist. Die rechtsdrehenden länglich-elliptischen
Blätter werden bis zu 2,5 m groß. Der etwa 1,5 m lange Blütenstand entwickelt zwischen 80 und 300 Einzelfrüchte, wobei so ein Fruchtstand gut
und gerne 2 Ztr. wiegen kann. Aus dem Wurzelstock bilden sich neue
Schößlinge, die alte fruchttragende Pflanze stirbt ab, d. h. sie wird abge-
schlagen und zu einem sehr wertvollen Viehfutter verwendet. Die hier gezeigte Art dient als Kreuzungsmaterial, sie selbst ist das Produkt aus der
Kreuzung »M. acuminate × M. balbisiana«.

PERSEA
gratissima
syn. P. americana
(Lauraceae)

Avokadobirne
Butterfrucht

Dieser aus dem Tropengebiet Mittelamerikas stammende immergrüne Fruchtbaum ist zwischenzeitlich in Afrika weitverbreitet anzutreffen. Es gibt etwa 150 Arten. Der dichtbelaubte rundkronige Baum wird bis zu 20 m hoch. Schon die Azteken und Inkas schätzten das nach Nuß schmeckende Fruchtfleisch. Die birnenförmige Frucht kann bis zu 1 kg schwer werden. Sie wird in immer stärkerem Maße zum Exportartikel der 3. Welt, denn sie ist äußerst vitamin- und mineralreich. (Vitamin A, B und C.) Israel hat riesige Plantagen dieser Art angelegt und dürfte im Export an erster Stelle liegen.

Die dunkelgrünen länglichen Blätter sind ganzrandig, wechselständig und lederartig. Die kleinen grünlich-weißen Blüten stehen in fingerlangen Rispen. Aus der Schale und den Kernen wird ein hochwertiges Öl für die Kosmetikindustrie gewonnen.

PISTACIA terebinthus *Pistazie*
(Anacardiaceae) *Terpentinbaum*

Ein laubabwerfender strauchartiger Baum, der vermutlich aus Ostasien eingeführt worden ist. Er zählt zur Familie der »Sumachgewächse«. Die Blätter sind unpaarig gefiedert, die Äste haben eine graue Farbe und sind stark harzhaltig. Aus dem Saft des Stammes bzw. der Äste wird das bekannte »Chio-Terpentin« gewonnen, dessen Bedeutung vor allem in der Krebstherapie stark zugenommen hat. Die an den Enden der vorjährigen Triebe angeordneten Blütenstände erscheinen gleichzeitig mit den neuen Blättern. Die Einzelblüte ist purpurrot und bringt etwa 8-10 mm große Früchte hervor, die eßbar sind. Aus den Samenkernen wird ein ätherisches Öl gewonnen und aus den zahlreichen schwarzen, hornartigen Blattgallen — den sog. Judenschoten — werden Ledergerbstoffe hergestellt.

RICINUS
communis
(Euphorbiaceae)

Rizinus
Wunderpalme
Palma Christi

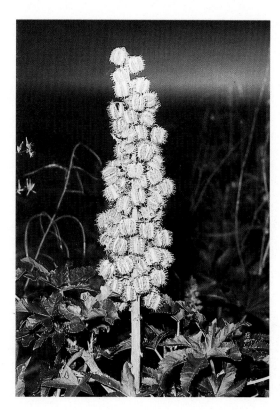

Ein weiteres wertvolles Wolfsmilchgewächs ist die hier gezeigte Art. Die besondere Bedeutung wird in Zukunft noch erheblich anwachsen, vor allem in der Spül- und Reinigungsmittelindustrie, denn da die Rizinusbestandteile von Mikroben abgebaut werden, findet keinerlei Umweltverschmutzung mehr statt. Die Pflanze stammt aus Ostafrika und wird bis zu 10 m hoch. Jede der dreifächigeren Fruchtkapseln enthält 3 Samen, die nicht nur bis zu 60% Öl enthalten, sondern auch sehr giftig sind. 8 bis 10 solcher Kerne gegessen sollen einen Menschen töten. Beim Warm- oder Kaltpressen bleibt jedoch das giftige »Rizin« vollständig in den Rückständen zurück, die jedoch ein vorzügliches Düngemittel ergeben. Auch als Parasitenvernichtungsmittel sind im Rahmen des Umweltschutzes diese Rückstände äußerst wertvoll. Das Öl wird in der Pharmazie und im Maschinenbau verwendet. Die Blätter sind ausschließliche Nahrung der sog. »Eri-Seidenraupe«, deren Spinnseide von gelblicher Farbe ist.

WELWITSCHIA mirabilis   *Welwitschie*
(Welwitschiaceae)

Die »wunderbare Welwitschia« ist die einzige Art der einzigen Gattung der Familie »Welwitschiaceae«. Diese echte afrikanische Pflanze gedeiht nur in den küstennahen Gebieten der Namibwüste in Südwestafrika und besitzt eine tiefreichende Wurzel, die in einen — ebenfalls unter der Erde liegenden — 2-3 m langen Stamm mündet, von dem nur wenige Zentimeter über die Erdoberfläche hinausragen. Dieser Stamm erreicht einen Durchmesser von 2 m. Man zählt die Welwitschia (Name ihres Entdeckers Welwitsch) zu den ältesten Pflanzen dieser Erde. Mit der Carbon-14-Methode konnten über 2000 Jahre alte Pflanzen nachgewiesen werden.

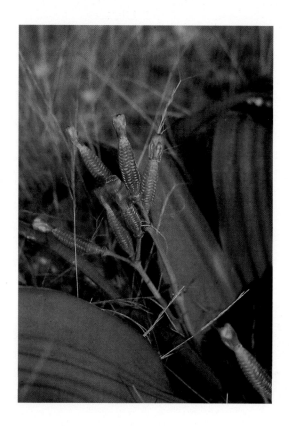

Zwei breite, bis zu 3 m lange Keimblätter, die von den Spitzen her im gleichen Umfang absterben, wie an der Basis zwei neue Keimblätter nachwachsen. In der sog. Krone des Stammes entwickeln sich männliche und weibliche Blütenstände. Die weiblichen zweihäusigen Blüten zeigt unser Bild.

Liste der gezeigten Bilder